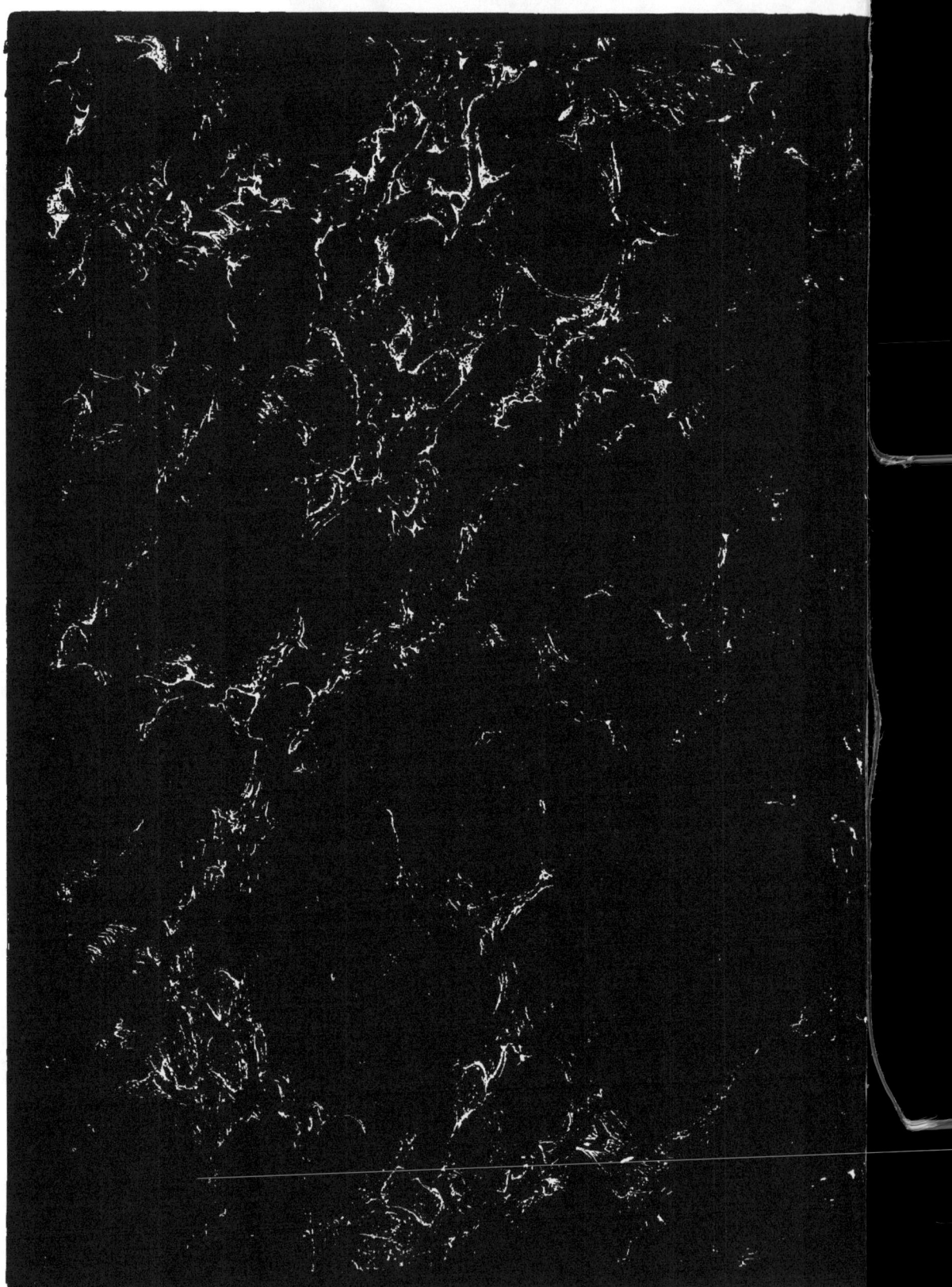

LK7 2308

# CRÉMIEU

## ANCIEN ET MODERNE.

Lyon. — Impr. Dumoulin et Ronet.

# CRÉMIEU
## ANCIEN ET MODERNE,

PAR

Ferdinand CALVET-ROGNIAT,

MEMBRE DU CONSEIL D'ARRONDISSEMENT DE LA TOUR-DU-PIN
POUR LE CANTON DE CRÉMIEU (ISÈRE).

**Se vend au profit de l'hôpital de Crémieu.**

LYON.
DUMOULIN ET RONET, IMPRIMEURS-ÉDITEURS,
Rue Saint-Côme, 6, au 1<sup>er</sup> étage.

1848.

# A MADAME CAPELLE

### née ROGNIAT.

Madame,

En plaçant sous vos bienveillants auspices cette courte Notice qui n'est en quelque sorte que la préface de l'ouvrage complet que je prépare sur le canton de Crémieu, j'obéis aux sentiments de respectueuse affection que mon cœur conservera éternellement pour vous. N'est-ce pas à vous, n'est-ce pas à votre haut patronage que je dois la position que j'occupe dans le monde et dans ce pays?.... Acceptez donc ce faible hommage, et daignez agréer en même temps l'expression publique de la vive et sincère reconnaissance de celui qui sera toujours heureux et fier de vous appeler du doux nom de mère adoptive.

F. CALVET-ROGNIAT.

Château de Chamagnieux, le premier Janvier 1848.

**AVANT-PROPOS.**

## AVANT-PROPOS.

On me permettra, avant d'aborder le sujet que j'ai choisi pour but de mes recherches et de mes études, de dire en peu de mots quels ont été les sentiments qui m'ont inspiré dans l'accomplissement de la tâche que j'ai entreprise.

J'ai voulu, séduit par l'exemple de tant d'écrivains laborieux et bien plus intelligents que moi, qui, dans nos provinces, se dévouent avec une abnégation si généreuse et si grande à la noble et difficile mission de rechercher et de coordonner ensemble les éléments divers dont se compose notre histoire nationale, j'ai voulu, dis-je, associer mes efforts aux leurs, et apporter ma faible part de travail au monument qu'ils élèvent aux souvenirs et aux gloires de notre commune patrie.

On comprendra sans peine pourquoi je me suis senti plus particulièrement entraîné à m'occuper d'un pays qu'une circonstance heureuse et qui influera sur le restant de ma vie, m'a fait adopter. Ce pays est si intéressant et si beau; j'y ai reçu tant de témoignages de sympathies et d'affection, que ce serait manquer à tous mes devoirs que de ne pas m'attacher sincèrement à lui, et de ne pas faire de sa prospérité et de son avenir l'objet de ma sollicitude la plus entière et la plus vive.

La courte notice que je publie aujourd'hui sur Crémieu, dans laquelle, après un coup-d'œil rapide jeté sur les temps passés, j'ai examiné ce que cette ville offre actuellement d'intéressant et ce que l'avenir peut lui promettre, n'est en quelque sorte, ainsi que je l'ai déjà exprimé, que *la préface* d'un travail plus vaste et plus complet sur le canton dont cette ville est le chef-lieu.

Je n'ai reculé devant aucune recherche, quelque ingrate ou rebutante qu'elle put être, pour arriver à offrir sur la ville de Crémieu un travail qui répondit aux sentiments que j'ai puisés au milieu de cette population si intelligente et si pleine d'honneur et de loyauté. Peut-être n'aurai-je pas complètement réussi à atteindre le but vers lequel se sont dirigés mes efforts et mes vœux. Dans ce cas, qu'on apprécie l'intention et qu'on se garde bien surtout d'attribuer à un défaut de zèle ou à une étude trop superficielle et trop légère ce qui doit être mis sur le compte de l'imperfection qui accompagne toujours une première œuvre.

Cette première œuvre, je la place sous les auspices bienveillants de la charité publique. Dieu veuille que l'hôpital de Crémieu, auquel j'abandonne *en entier* le produit de la vente de ce livre qui, indépendamment du travail et des recherches qu'il m'a coûté, a exigé de ma part des sacrifices pécuniaires assez considérables, trouve ainsi le moyen d'apporter quelque adoucissement de plus aux souffrances et à la misère des malheureux auxquels il offre des secours et un charitable asile.

# CRÉMIEU ANCIEN.

COUP D'OEIL TOPOGRAPHIQUE.

SOUVENIRS HISTORIQUES.

# I.

## COUP D'OEIL TOPOGRAPHIQUE.

I.

Il en est de Crémieu comme d'une foule de localités également anciennes et intéressantes.

L'oubli pèse sur elles, elles autrefois importantes, riches et pleines de mouvement et de vie. Comme toutes les choses d'ici-bas, Crémieu a subi le sort fatal qui leur est réservé. Depuis nombre d'années et encore aujourd'hui, cette ville pleure sur les ruines d'un passé que le patriotisme intelligent et généreux de ses habitants peut seul lui rendre. C'est là une noble mission au succès de laquelle nous convions tous les hommes qui, animés des mêmes sentiments que nous, désirent et veulent sincèrement le bien de leur pays.

Celui-là tomberait dans une bien grave erreur et s'exposerait à de singuliers mécomptes, qui jugerait de l'importance qu'avait Crémieu autrefois par l'aspect triste, sans mouvement et sans vie que cette ville offre aujourd'hui aux regards de de l'artiste et du voyageur qui viennent la visiter. Le paysage n'a pas changé; ce sont toujours les mêmes horizons, les mêmes détails; les montagnes et les collines qui se développent en amphithéâtre aux environs de Crémieu, ont conservé le même caractère et les mêmes attitudes; le cadre enfin est resté le même malgré les siècles qui se sont écoulés ; mais le tableau, mais la ville ont subi des modifications tellement profondes, qu'il y a nécessité de restituer pour quelques instants à Crémieu les lignes de son ancienne enceinte et l'ordonnance de son ancien plan.

L'histoire compulsée par nous avec le soin le plus minutieux et le plus sévère, ne nous fournissant aucun document précis à cet égard, nous avons dû consulter l'aspect des lieux et les souvenirs recueillis par la tradition. Cette façon de procéder, on ne saurait le nier, présente de graves inconvénients : l'histoire donne aux événements qu'elle raconte un caractère de précision et d'authenticité surtout, sur lequel l'écrivain consciencieux est toujours heureux de pouvoir s'appuyer; mais là où l'histoire reste muette il faut bien qu'il se contente, après examen préalable toutefois, des documents que la tradition seule livre à ses patientes et laborieuses recherches.

Nous devions, avant d'entrer en matière, cette

franche et courte explication, car nous ne voudrions pas qu'on pût nous accuser justement d'avoir volontairement négligé de puiser nos renseignements aux sources pures de l'histoire.

La ville de Crémieu étageait autrefois ses maisons le long des pentes et sur le sommet des deux collines de St-Laurent et de St-Hippolyte. Il y avait cependant cette différence essentielle entre les deux collines, c'est que l'une, celle de St-Laurent, portait exclusivement, rassemblés à son sommet, les établissements religieux et leurs nombreuses dépendances, tandis que celle de St-Laurent voyait réunies en groupe, sous l'égide protectrice du château delphinal, ses maisons habitées par la noblesse, la bourgeoisie et le peuple. Il existait donc sur ce point deux villes distinctes et n'en formant cependant qu'une seule connue sous le nom de Crémieu, et avouant pour seuls et uniques maîtres les hauts et puissants seigneurs de la maison des Dauphins. Réunies sous le même seigneur, ces deux villes formaient deux paroisses séparées. Chacune d'elles avait son église et son clergé particulier.

L'une, celle de Saint Hippolyte, possédait une église placée sous le vocable du saint de ce nom, tandis que celle de St-Laurent, par une bizarrerie singulière et qui est demeurée inexpliquée, en possédait une aussi, mais placée, non point sous le vocable de St-Laurent, ainsi qu'il serait logique de le supposer, mais bien sous celui de St-Marcel.

La plus importante de ces deux villes était sans contredit celle de St-Laurent : c'est là que résidait la puissance seigneuriale, là qu'était le mouvement et la vie du commerce et de l'industrie, là qu'était agglomérée la population la plus active et la plus nombreuse. Cette ville ou plutôt cette portion de la ville, était donc la plus importante et la plus riche, disons plus, c'était la véritable ville de Crémieu.

Elle occupait en entier la colline de St-Laurent.

L'enceinte qu'elle décrivait suivait le mouvement et les ondulations de son sol. L'existence au pied de cette colline d'un vaste marais qui, à cette époque reculée, n'avait point encore été desséché pour servir d'emplacement aux maisons de la ville nouvelle, lui avait interdit, sur ce point, toute espèce de développements. Naturellement défendue dans cette direction par les eaux profondes et fangeuses de ce marais, elle avait encore pour la protéger, outre les accidents multipliés d'un sol montagneux, le château delphinal, véritable forteresse placée en sentinelle au sommet d'un rocher escarpé dominant tout le pays, et un épais mur d'enceinte crénelé et flanqué, de distance en distance, de tours rondes et massives. A ce système de défense combiné avec un soin et une intelligence remarquables pour cette rude époque féodale déjà si loin de nous, venaient se joindre ou plutôt se *souder* les fortifications qui, depuis la base jusqu'au sommet, enveloppaient comme les mailles d'un immense réseau, la colline et la ville de St-Hippolyte. Tel était l'aspect formidable et vraiment guerrier que présentait autrefois la ville de Crémieu. Qu'on ne s'étonne donc plus maintenant si cette ville a eu tant d'importance, et si elle a servi non seulement de place de guerre, mais de résidence seigneuriale aux représentants de la maison des Dauphins.

Comme toutes les villes construites pendant la période féodale, Crémieu manquait de régularité et d'uniformité dans son plan : ses maisons étaient basses et mal disposées à l'intérieur, ses rues étroites et mal percées. Seul, le château s'élevait majestueux dans son ensemble et harmonieux dans les lignes de son ordonnance.

Il ne faudrait cependant pas induire de ce qui précède que la disposition des rues fût simplement le résultat absolu d'un manque de goût. Les maisons étaient basses parce que construites en vue des besoins seuls de la famille, il n'était nécessaire de leur donner pour développement que les besoins mêmes de cette famille. Et d'ailleurs, le château ne devait-il pas conserver toute la prééminence sur les maisons groupées autour de lui! Quant aux rues, elles étaient étroites et mal percées, afin que l'assiégé, grâce à cette ingénieuse disposition qui multipliait les angles à l'extérieur, pût défendre pied à pied le terrain contre l'ennemi.

Quatre rues longues et plus larges que les autres et considérées à cause de cela comme les rues principales, s'ouvraient aux quatre points cardinaux de la ville, et, pareilles à de grandes artères, mettaient en communication directe et permanente tous les points de la circonférence non pas avec le centre, mais bien avec le château qui occupait l'extrémité supérieure de cette circonférence. Le château étant le siége de la puissance seigneuriale, c'est là qu'étaient réunis tous les éléments de conservation, de défense et de force, et c'est là que tout devait aboutir.

La première de ces rues portait le nom de rue de *la Loi*, désignation caractéristique, qui laisse supposer que c'était dans cette rue qu'étaient exécutés d'ordinaire les arrêts rendus par la justice seigneuriale. Elle s'ouvrait, au couchant, sur la porte qui donnait accès sur la route de Lyon.

La seconde s'ouvrait sur la porte de Quirieu, et rattachait par cette issue, à la ville, les régions montagneuses qui fuient, agrestes et dénudées, vers le levant. Cette rue était réellement la rue principale de la ville; elle portait le nom de rue du *Marché Vieux*, et ce nom qui nous indique qu'elle était le centre du commerce et de l'industrie de la cité, elle l'a conservé de nos jours en dépit des circonstances désastreuses qui lui ont ravi ces deux éléments de sa prospérité passée.

C'est dans cette rue où l'on montre à ceux qui viennent visiter Crémieu la maison habitée jadis par la nourrice dont l'imprudence coûta la vie au jeune héritier d'Humbert II, dernier dauphin de

Viennois. On raconte que cette femme se trouvant assise devant l'une des hautes fenêtres du château delphinal à Grenoble, laissa involontairement échapper de ses bras son nourrisson qui tomba et se noya dans les eaux de l'Isère. Cette maison, aujourd'hui possédée par un menuisier nommé Floquet, n'est connue dans le pays que sous le nom de *Maison des pendus*. A cette désignation bizarre et caractéristique, ne se rattache heureusement aucun souvenir criminel. Nous devons même déclarer que jamais, à aucune époque, les habitants de cette maison n'ont eu maille à partir avec l'exécuteur des terribles arrêts de la justice humaine. Ce sont deux figures d'hommes placées en guise de chapiteaux et sous forme de cariatides, au sommet des deux colonnes rondes et lisses qui soutiennent les archivoltes et séparent les trois compartiments d'une belle fenêtre du xive siècle, qui ont fait donner à cette ancienne demeure de la nourrice de l'infortuné héritier d'Humbert II le nom de *Maison des pendus*. Le peuple a cru voir un emblême allégorique dans ces deux figures évidemment inspirées par le caprice seul de l'artiste. Cette erreur populaire n'est peut-être pas sans excuse : ces figures ainsi placées au sommet d'une colonne ont quelque ressemblance lointaine avec celle du criminel qui vient de périr par le supplice honteux de la corde.

La troisième qui avait spécialement pour objet le service du château, s'ouvrait au nord, sur la route qui tend vers le Bugey.

La quatrième enfin, comme toutes les autres rues principales de Crémieu, partait du château et venait s'arrêter au seuil de la porte qui conduisait sur la route d'Italie. Cette porte dont il ne reste plus ni trace, ni vestige, se trouvait placée aux bords du marais, presque en face de l'emplacement occupé aujourd'hui par la halle couverte.

# II.

## SOUVENIRS HISTORIQUES.

II.

Chose étrange et bizarre!... Crémieu dont l'importance comme ville, dans les temps reculés, ne saurait être sérieusement contestée par personne, compte très-peu de souvenirs historiques. C'est à peine si son nom revient quelquefois dans les chroniques, et si l'histoire rappelle quelques événements un peu saillants qui ont eu cette antique cité pour théâtre.

Son nom primitif, celui que lui ont conservé les anciennes traditions, est *Stramiacum* dont on a fait plus tard *Cremia* (bois taillis, bois à brûler), *Cremiacum*, ville ou lieu des taillis et du bois à brûler (1), et enfin Crémieu.

C'est sous le premier de ces noms, *Stramiacum*, que cette ville est désignée lorsqu'en 835, selon le père Barou, Histoire d'Allemagne, t. 2, p. 628 et 629, et l'historien de la ville de Vienne Monvertny, p. 118; en 836, selon Fleury, Histoire Ecclésiastique, tome 10, page 585, l'empereur Louis-le-Débonnaire, et le roi d'Aquitaine Pepin, s'y réunirent en compagnie de plusieurs seigneurs des provinces voisines pour aviser aux moyens à pren-

(1) A cette époque le pays de Crémieu, à plusieurs lieues à la ronde, offrait l'aspect d'un immense et épais bois taillis.

dre pour mettre un terme aux maux qui désolaient les églises de Lyon et de Vienne.

L'archevêque de Lyon, Agobard, et l'archevêque de Vienne, Barnard, qui, à l'exemple de Jesse, évêque d'Amiens, et de Hélie, évêque de Troyes, avaient pris une part active dans la rébellion des enfants contre leur père l'empereur Louis-le-Débonnaire, avaient été suspendus de leur siége dans une réunion d'évêques tenue, une année auparavant, dans la ville de Metz. Il fallait faire cesser un état de choses aussi fâcheux : l'intérêt des fidèles non moins que celui de ces deux églises ainsi privées de leur premier pasteur, le voulaient et l'exigeaient impérieusement.

Agobard et Barnard furent donc solennellement cités à comparaître à Crémieu devant l'empereur et le roi d'Aquitaine, ainsi que devant les nobles seigneurs composant leur cour. Agobard seul ne répondit pas à l'appel de son souverain. Barnard se présenta, mais tous les efforts des deux souverains furent impuissants pour ramener l'ordre et la tranquillité dans les deux églises de Lyon et de Vienne. Les deux archevêques, Agobard et Barnard, restèrent placés sous le coup de la sentence de suspension qui avait été prononcée contre eux dans l'assemblée épiscopale de Metz. Un an après cependant, lorsque Lothaire eut fait la paix avec son père l'empereur Louis-le-Débonnaire, il obtint de ce dernier le rétablissement dans leur diocèse respectif des deux prélats dépossédés. La rébellion de Lothaire, à laquelle ils avaient pris une part si coupable, leur avait enlevé leur siége épiscopal et il était jusqu'à un certain point naturel, que la réconciliation de ce prince avec l'empereur le leur rendît.

On doit déplorer que la tradition et avec elle l'histoire, n'aient pas recueilli et précieusement conservé le moindre souvenir au sujet du séjour assez long que ces deux monarques firent à Crémieu en 836 ou 835 ; ces deux dates ont des soutiens également recommandables parmi les historiens du temps. Les souverains à cette époque, plus encore que de nos jours, traînaient toujours après eux une suite nombreuse de seigneurs, de gens armés et de serviteurs de toute espèce et de toute sorte, et Crémieu dût être, pendant toute la durée de leur séjour, le théâtre de fêtes nombreuses et brillantes.

Un fait demeure irrévocablement acquis, c'est qu'il fallait que dans ce temps-là, Crémieu fût une cité bien importante pour avoir ainsi mérité et obtenu l'honneur d'être choisie pour lieu de réunion de deux puissants souverains, alors surtout que presque à ses portes deux grandes villes, Lyon et Vienne, que la domination romaine dans les Gaules avait si splendidement ornées et rendues si célèbres, leur offraient les milles séductions d'un séjour agréable et si éminemment digne d'eux.

Crémieu, à cette époque, était déjà compris *in*

*agro Lugdunensi*, ainsi s'expriment les chartes du temps. La haute suzeraineté du siége métropolitain et primatial de l'église de Lyon, sur cette ville, s'est perpétuée, sans solution de continuité aucune, depuis cette époque reculée jusqu'à la réunion du Dauphiné à la couronne de France. Les premiers seigneurs de Crémieu, les barons de la Tour-du-Pin et après eux les Dauphins, se sont toujours considérés comme relevant directement *en qualité de seigneurs de Crémieu*, de l'archevêque de Lyon et de son chapitre.

Les barons de la Tour-du-Pin n'ayant pas laissé dans les traditions historiques de Crémieu des souvenirs de leur longue domination sur cette ville, force nous est bien d'imiter la prudente réserve de l'histoire. Nous accueillons toujours avec empressement les faits lorsqu'ils s'offrent à nous avec un caractère historique ou simplement même traditionnel; mais nous n'oserions nous permettre de substituer au silence de l'histoire ou de la tradition, les dires plus ou moins ingénieux d'une imagination complaisante.

L'historien ne saurait jamais être trop circonspect et trop véridique surtout. Non seulement il faut que le fond reste généralement et rigoureusement vrai, mais il est nécessaire encore que les accessoires conservent le même caractère de vérité. Libre à certains écrivains qui se targuent de peu de rigidité historique, de grouper ingénieusement, afin de lui donner plus de piquant sans doute, des accessoires plus ou moins exacts autour d'un fait plus ou moins avéré; libre à eux d'intervertir l'ordre des faits, d'arranger les circonstances, de parler eux-mêmes sous le masque de leur héros, de leur prêter une attitude, une physionomie et une pantomime toute d'imagination sinon de fantaisie. L'histoire ainsi racontée n'est plus de l'histoire ; c'est de la peinture de genre, trop chargée de menus détails pour l'histoire proprement dite, trop enluminée pour des mémoires.

Le nom des premiers Dauphins n'est guère plus souvent rappelé dans l'histoire de la ville de Crémieu que celui des barons de la Tour-du-Pin. Nous lisons qu'en l'an 1230, sept années seulement avant sa mort, le cinquième successeur de Guigues dit le Vieil, le premier chef connu de l'illustre et puissante maison des Dauphins, André Guigues VI, chef de la seconde race des Dauphins, possédait la ville et le mandement de Crémieu. Un acte d'hommage rendu par le Dauphin à l'archevêque Robert est le garant authentique de ce fait. Diverses conditions furent de part et d'autre stipulées et également acceptées par le dauphin André Guigues VI et l'archevêque Robert. Le dauphin s'y déclare vassal de l'archevêque et des chanoines composant le chapitre de la métropole, et l'archevêque, à son tour, agissant tant en son nom personnel qu'au nom du chapitre, promet à son vassal sa protection de seigneur suzerain. Il s'engage dans les termes les plus explicites et les plus solennels non seulement de l'appuyer de toutes ses forces dans le Viennois jusqu'à Voreppe, mais encore jusqu'à la Buissière, dans le cas, prévu toutefois, où cette forteresse viendrait à être attaquée. L'histoire ne nous dit pas si ce dauphin eut besoin de recourir à l'assistance si généreusement promise par le seigneur suzerain au seigneur son vassal. Nous savons seulement que sa longue et habile administration servit puissamment les intérêts et l'agrandissement des domaines de la noble maison dont il était le digne représentant. Son mariage avec Marie de Claustral, petite-fille du comte de Forcalquier, lui valut l'Embrunais et le Gapençais auxquels il sut fort adroitement joindre plus tard diverses autres possessions reçues par lui en fief des archevêques de Lyon et de Vienne.

Quarante-trois ans après, en 1275, le nom de Crémieu reparaît. Il s'agit cette fois d'un traité intervenu entre Hugues, sénéchal de l'église de Lyon, héritier principal d'Albert, baron de la Tour-du-Pin, fils de ce dernier, et son frère Humbert. Dans ce traité, le sénéchal de l'église de Lyon se réserve d'une manière toute spéciale la ville et le château de Crémieu. Les termes mêmes de la charte, portant stipulation des conventions, sont précis et formels, et ne laissent pas subsister le doute le plus léger à cet égard; les voici, relevés littéralement par nous sur une copie authentique de cette charte : *Item cum prefatur dom senescallus, frater noster, de dicta terra velit retinere castrum de Cremiaco, castrum de Trefortio et castrum de Sancto Stephano*, etc., etc.

La mort du sénéchal de l'Eglise de Lyon et le mariage de Humbert avec Anne, sœur et unique héritière de Jean Ier, dernier prince de la seconde race des Dauphins, fit passer sous une seule et même domination toutes ces possessions diverses. A partir de Humbert, premier prince de la troisième race des Dauphins, jusqu'à la réunion du Dauphiné à la couronne de France, Crémieu ne reconnut plus pour maître que les représentants de cette maison souveraine. Chacun des dauphins de cette troisième race contribua à l'agrandissement et à l'embellissement de Crémieu. Humbert I$^{er}$, Jean II, Guigues VIII, et enfin Humbert II, en qui s'éteignit la famille des Dauphins, dotèrent cette ville d'un privilége ou d'une faveur.

Le dernier des dauphins, Humbert II, se distingua entre tous ses prédécesseurs par les libéralités dont il la combla. Non seulement il ajouta de nouvelles dotations à toutes celles que son père avait accordées au couvent des Augustins qu'il avait fondé à Crémieu, mais il augmenta encore les exemptions et priviléges accordés à cette ville, et il y fonda un atelier monétaire qui fonctionna sans interruption pendant toute la durée de son règne.

A propos de cet atelier monétaire dont tous les produits n'étaient peut-être pas purs d'un alliage frauduleux, car Humbert II, non content de pressurer et d'accabler ses sujets de vexations et d'impôts, altéra les monnaies et eut recours aux expédients les plus honteux pour se procurer de l'argent afin de satisfaire à ses goûts effrénés de dépense, Chorier, dans son histoire du Dauphiné, nous raconte qu'il existait à Crémieu une famille du nom de *Liardi*, et que ce fut à un membre de cette famille, Guigues Liard, directeur de cet atelier monétaire, que la petite monnaie populaire dut le nom de *liard* sous lequel elle est encore connue aujourd'hui. Nous ne contestons pas l'existence à Crémieu d'une famille du nom de Liardi; l'historien Chorier l'affirme et nous n'irons pas nous inscrire en faux contre son assertion, nous nous permettrons seulement de faire observer qu'il est généralement admis comme prouvé, que l'origine de cette monnaie dont la création répondait à un besoin commercial bien senti, doit être attribuée au roi de France Philippe-le-Hardi, du surnom duquel, *le hardi*, on aurait fait par corruption *li hardi* et plus tard *liard*, nom que cette monnaie, frappée pour la première fois sous son règne, aurait depuis lors conservé. Nous ne nous prononcerons pas sur le plus ou moins de valeur de chacune de ces deux assertions, c'est à l'intelligence du lecteur à choisir.

Crémieu s'enorgueillit, non sans raison, de la présence dans ses murs de *quatre* de nos rois. Le premier, par ordre de date, est Louis XI; le second est Louis XII, le troisième se nomme François I$^{er}$, le quatrième enfin est le digne fils de Catherine de Médicis, dont la mémoire restera éternellement souillée des horribles massacres de la St-Barthélemi. Nous avons désigné Charles IX...

La présence du roi Louis XI à Crémieu eut lieu vers le milieu du xv$^e$ siècle, en 1449, s'il faut en croire le témoignage de l'illustre et savant auteur de l'histoire du Dauphiné, Chorier. Cette ville, ainsi que nous aurons l'occasion de l'établir plus tard, était le centre d'un commerce considérable et très-actif. Les transactions entre les vendeurs et les acheteurs y étaient souvent importantes et toujours très-multipliées : aussi les Lombards et les Juifs surtout y avaient-ils établi en grand nombre leur demeure. On sait qu'à cette époque reculée, les Lombards et les Juifs étaient les banquiers du commerce et de l'industrie. C'était à eux qu'il fallait s'adresser pour avoir de l'argent, et Dieu sait à quel prix souvent ils le faisaient acheter au malheureux commerçant qui était forcé d'avoir recours à eux. Depuis le haut baron jusqu'au plus humble vassal, tous venaient inscrire leur nom, noble ou vilain, sur les pages du livre des créances de ces rois de l'argent. A eux les étoffes précieuses, à eux les joyaux et les riches pièces d'orfèvrerie, à eux les belles monnaies d'or et d'argent. Défiants comme devaient l'être des hommes que la société de cette époque barbare repoussait de son sein et vouait à toutes les vexations et à toutes les ignominies, ils ne prêtaient leur argent que sur un gage dont la valeur intrinsèque pût leur servir de garantie contre l'insolvabilité ou la mauvaise foi de leurs débiteurs. Aussi leurs demeures regorgeaient-elles de richesses de tout genre et d'objets précieux de toute sorte.

C'est à cet usage inspiré par une prudente défiance et constamment suivi autrefois par les Lombards et les Juifs, que nous avons évidemment emprunté l'idée si éminemment généreuse et philanthropique de nos Monts-de-Piété. Qu'est-ce en effet qu'un Mont-de-Piété, si ce n'est le Lombard ou le Juif prêtant sur gage certain à celui qui a besoin d'argent?

Il y a cette différence essentielle seulement que le Lombard et le Juif abusaient le plus souvent de leur position de créanciers pour obtenir de leurs débiteurs des concessions plus ou moins considérables, tandis au contraire que le Mont-de-Piété donne plutôt qu'il ne le prête, — car dans certains Monts-de-Piété, l'intérêt exigé est très-minime, — l'argent que vient lui demander, son gage à la main, l'homme que le malheur ou la gêne force à avoir recours à lui.

Louis XI, qui n'était encore que simple dauphin de France, car ce ne fut que vingt-deux ans après, en 1461, à la mort du roi Charles VII, son père, qu'il monta sur le trône, *était*, dit Chorier, nous copions textuellement les termes qu'il emploie, *fort persuadé des vérités de notre religion, quoiqu'il ne semblât pas bien zélé pour les droits des églises qui s'opposaient à sa souveraineté. C'est pourquoi il ne put souffrir plus longtemps les Juifs dans son pays; il les en chassa et leur fuite le dépeupla en divers lieux.* Son pays, c'est le Dauphiné, où, en sa qualité de dauphin de France, il exerçait les droits de souveraineté; les divers lieux que cet édit dépeupla, c'est Crémieu où les Juifs étaient en bien plus grand nombre que dans aucune autre localité de cette belle province. Leur nombre était si considérable qu'ils occupaient à eux seuls, dans l'enceinte de la ville, un vaste quartier, espèce de *ghetto*, où ils demeuraient séparés du restant de la population. On aperçoit encore les vestiges de la porte qui servait de communication entre le *ghetto* et le restant de la ville.

Louis XI qui était un fin et habile politique, ne tarda pas à s'apercevoir de la faute grave qu'il avait commise. Non seulement il avait dépeuplé le pays, mais en chassant ainsi les Juifs il avait enlevé au commerce et à l'industrie tous leurs moyens d'action, et privé en même temps son propre trésor du tribut annuel que les membres de cette nation alors maudite lui payaient, tribut considérable qui, dans la ville de Crémieu, ne s'élevait pas à moins d'un *demi marc d'argent* (1). Il vint donc à Crémieu

---

(1) Le marc d'argent avait une valeur équivalente à cinquante francs à peu près de notre monnaie. C'était à l'époque où la Révolution française a proclamé le droit d'élection, la taxe de contribution qui donnait la qualité d'éligible au

qu'il trouva ruiné et presque entièrement abandonné, et afin de lui rendre tout ou au moins une partie des habitants que son édit de proscription en avait violemment éloignés, il promit solennellement à tous ceux qui voudraient venir habiter cette ville, l'exemption pendant vingt ans après de *toutes tailles, de tous dons et de tous subsides.*

Le dauphin eut beaucoup à se louer, dans cette circonstance, d'un noble seigneur du pays. Ce seigneur, qui se nommait Ponce de Loras, appartenait à la famille de ce nom, famille illustre et puissante qui est malheureusement destinée à s'éteindre dans la personne de la seule et unique héritière du dernier comte de Loras, mariée à M. d'Auberjon, marquis de Murinais, ancien secrétaire de l'ambassade française à Florence, et l'un des hommes, sans contredit, les plus émi-

Français. La constitution de 1791 exigeait en outre cependant, pour être éligible à l'assemblée nationale, que le citoyen possédât une propriété foncière quelconque.

nents au triple point de vue du caractère, de l'intelligence et de la position sociale, de toute l'ancienne province du Dauphiné. Le dauphin, voulant reconnaître les services que Ponce de Loras lui avait rendus, lui donna la juridiction de Brens, près Crémieu, et conserva toute sa vie pour lui les sentiments de la plus haute estime.

Le séjour du roi Louis XII, à Crémieu, fut de très-courte durée ; ce fut en 1512, trois années avant sa mort, que cet excellent monarque, qui a si bien mérité le surnom glorieux de *père du peuple*, vint à Crémieu. Les fortifications de cette ville avaient été détruites; et comme ce prince, qui avait à lutter à cette époque contre la coalition appelée la *sainte ligue*, coalition formidable qui comptait dans ses rangs le pape Jules II, les rois d'Espagne et d'Angleterre, Ferdinand le Catholique et Henri VIII, les Vénitiens et les Suisses, comme ce prince, disons-nous, redoutait une invasion étrangère, il les fit relever afin de mettre sur ce point le pays à l'abri des attaques de l'ennemi.

Son successeur, le roi François I<sup>er</sup>, vint à son tour visiter Crémieu. Ce fut dans cette ville qu'il rendit, le 19 juin de l'année 1536, l'édit connu sous la désignation d'*ordonnance de Crémieu*. Cette ordonnance servit depuis lors de règlement pour les justices inférieures. En même temps qu'il réglait ainsi dans Crémieu les diverses juridictions, il complétait l'œuvre de son prédécesseur en activant par sa présence les travaux de reconstruction des fortifications de cette ville.

Dans les premiers jours du mois de juillet de l'année 1564, le roi Charles IX fuyant avec sa cour la peste qui désolait une partie de son royaume, traversa rapidement Lyon et Vienne où il ne se croyait pas encore en assez grande sûreté, et vint fixer provisoirement sa demeure à Roussillon, dans le splendide château que le cardinal de Tournon avait fait bâtir dans ce lieu. Grâces aux sages conseils de son chancelier, le vénérable Michel de L'hôpital, ce roi ne demeura point oisif dans le château de Roussillon. Il sut utilement employer les deux mois qu'il y passa. « *Le roi, par son ministère,* c'est du chancelier dont il s'agit, *y fit,* dit l'historien Chorier, *quelques édits et plusieurs déclarations, soit par lettres patentes, soit autrement.* Ce fut dans un voyage fait à cette époque à Crémieu, que le roi Charles IX rendit, à propos de l'élection des consuls, un édit portant règlement général en matière d'élections consulaires. »

Le roi, raconte Chorier dans son Histoire générale du Dauphiné, « y ordonna que dans toutes
« les villes de la province, la nomination serait faite double, laissant aux peuples la liberté
« de lui présenter ainsi ceux qui lui auraient semblé dignes de remplir ces charges, et se réservant celle de retenir ceux qui lui agréeraient. »

« Qui commence seulement l'ouvrage, » —ajoute-t-il judicieusement, — « n'en a pas le mérite, et n'en

« reçoit pas la reconnaissance; ainsi, autant de
« consuls et d'échevins ne pouvaient qu'être au
« roi autant de nouvelles créatures, par l'honneur
« de son choix. »

Ce n'est pas vers cette époque, ainsi que l'ont dit par erreur quelques écrivains, qu'il faut placer la fermeture de l'atelier monétaire de Crémieu et son transfert à Grenoble, mais bien plusieurs années après, en 1593. La suppression de cet atelier monétaire fut le dernier coup porté à l'importance de Crémieu comme ville. A partir de ce moment, cette ancienne cité n'a jamais plus retrouvé la prospérité, le mouvement et la vie qu'elle avait au temps où ses habitants, alors plus nombreux qu'aujourd'hui, obéissaient aux lois des seigneurs de la maison des Dauphins.

Crémieu demeura, pendant la trop longue durée de nos guerres religieuses, noblement fidèle aux doctrines catholiques. Le schisme de Luther et de Calvin ne trouva dans cette cité ni encouragement ni sympathie. Deux fois cependant, pendant que les catholiques et les protestants se combattaient avec une égale ardeur, Crémieu fut appelé à prendre une part active à la lutte.

Une première fois, ce fut lorsque le farouche baron des Adrets parvint, à la tête des bandes protestantes qu'il commandait, à s'emparer par surprise du monastère de Saint-Benoît qu'il réduisit en cendres.

Une seconde fois, ce fut en 1589; le duc de Lesdiguières n'avait point encore abjuré le schisme réprouvé de Calvin, pour embrasser le catholicisme, Crémieu tenait pour le parti catholique qui avait pour chef, dans ses murs, un brave officier du nom de Lapoipe Saint-Julien. Le duc de Lesdiguières, qui professait une très-haute estime pour le courage et l'habileté militaire de ce dernier qu'il considérait, non sans raison, comme le seul chef de son parti dans le Viennois, brûlait du désir de se mesurer avec lui. Ce fut ce désir bien plus que la nécessité, qui lui fit attaquer Crémieu où il savait que Lapoipe Saint-Julien commandait. La fortune cette fois ne fut pas fidèle à Lesdiguières; celui-ci dont la réputation militaire était déjà à cette époque si grande et si justement méritée, dut se retirer non sans laisser aux pieds des murailles certain nombre de soldats et de bons et braves gentilshommes, entre autres Laurent de Galles, sieur de Mestral, frère de Bellier et ami particulier de Lesdiguières, qui déplora amèrement sa fin prématurée. Le poète dauphinois, Claude Expilly, celui-là même dont l'un de nos premiers magistrats les plus recommandables et les plus distingués, M. Nadaud, premier président de la cour royale de Grenoble, vient de publier, sous forme de discours de rentrée, une biographie si remarquable et si complète, a consacré quelques vers empreints de la plus vive sensibilité, à la mémoire de cet officier tué d'un coup d'escopette, au pied du coteau de St-Hippolyte. C'était sur ce point, qui n'était d'abord défendu que par les débris en ruines d'un ancien prieuré, et où le digne lieutenant de Lapoipe Saint-Julien, le capitaine Bombin, avait fait élever à la hâte un fort retranchement, qu'avait porté l'attaque principale du duc de Lesdiguières. Il savait que c'était là qu'était le côté vulnérable de la place; aussi était-ce dans cette direction qu'il avait concentré toutes ses forces et donné l'assaut. Malheureusement pour lui le succès fit défaut à ses plans et à ses prévisions. Le capitaine Bombin et Lapoipe Saint-Julien restèrent à la hauteur de leur vieille réputation de bravoure et d'habileté, et les assiégés, électrisés par le noble exemple de leurs chefs, opposèrent une résistance pleine de courage et d'énergie aux efforts désespérés de Lesdiguières et de son armée.

L'abjuration et l'élévation au trône de Henri de Navarre mirent fin à la ligue, et rendirent Crémieu à la tranquillité sinon à la prospérité et au bonheur.

Trois fois encore cette ville semble vouloir éloigner d'elle le délaissement et l'oubli.

Dans le commencement du mois de février de 1629, le célèbre cardinal de Richelieu traverse Crémieu avec vingt-cinq mille hommes de troupes pour aller rejoindre en grande hâte, en Savoie, le roi Louis XIII qui était allé porter secours à son fidèle allié le duc de Mantoue, alors en guerre avec le duc de Savoie. Le roi, tombé subitement malade, dut quitter aussitôt après l'arrivée du duc de Richelieu le théâtre de la guerre et abandonner aux mains de son premier ministre, qui, à cette occasion, prit le titre de lieutenant-général, le commandement en chef de l'armée. Aussi habile général qu'habile ministre, Richelieu conquit la Savoie et prépara par ses savantes et adroites manœuvres les traités de *Ratisbonne*, de *Quéraique* et de *Mille Fleurs*.

Quelques jours après, le vingt-cinq du même mois de février, le frère du roi Louis XIII, Gaston d'Orléans, ce prince qui plus tard joua un rôle si déplorable pendant la Fronde, arrive à Crémieu où il reçoit de la part des habitants, pendant les trois jours de son séjour, l'accueil le plus cordial et le plus magnifiquement hospitalier.

Le duc de Savoie menaçait la frontière des Alpes et il y avait urgence de mettre la France à couvert de ce côté, car le duc était brave et entreprenant. Toutes les villes placées dans cette direction reçurent des armements extraordinaires; celle de Crémieu fut de ce nombre. Le 23 juillet 1711, le maréchal de Berwick fit réparer les fortifications de Crémieu, murer les deux portes de Lyon et des Moulins, et élever de nouveaux travaux de défense devant la porte Neuve. En même temps il ordonna qu'on fît dans les communes voisines une levée extraordinaire de cinq cents hommes, auxquels il confia la garde de la ville.

Tels sont, présentés dans leur ordre chronologique, les souvenirs divers qui se rattachent d'une manière plus ou moins directe à l'histoire de la ville de Crémieu. Nous aurions vivement désiré pouvoir être moins sobre de détails ; mais nous n'avons voulu reproduire que les faits authentiquement prouvés par les dires de l'histoire ou les témoignages irrécusables de la tradition, et notre discrète réserve s'explique par la réserve même de ces deux sources auxquelles doit exclusivement puiser tout historien véridique et consciencieux.

# CRÉMIEU MODERNE.

SES MONUMENTS, SES ÉTABLISSEMENTS PUBLICS. — CAUSES QUI ONT DÉTERMINÉ LA RUINE DE SON COMMERCE ET DE SON INDUSTRIE. — MOYENS A PRENDRE POUR LUI RENDRE TOUT OU AU MOINS PARTIE DE SON ANCIENNE PROSPÉRITÉ.

# I.

## SES MONUMENTS, SES ÉTABLISSEMENTS PUBLICS.

I.

L'ancien château delphinal est le premier objet qui s'offre au voyageur à son entrée dans Crémieu. Ce monument résume, sous sa forme matérielle la plus saisissante, toute une époque féodale et guerrière.

Il se composait, ainsi que cela résulte de l'examen attentif des lieux et de l'étude sérieuse que nous avons faite des ruines qui gisent éparses sur la colline de St-Laurent, de divers corps-de-logis où résidaient les maîtres et les défenseurs du château, et d'une tour, donjon formidable dont on aperçoit encore les gigantesques débris debout et gardant un aplomb parfait sur les bords taillés à pic du précipice. Les caractères de la force dominaient essentiellement dans ce château, qui était bien plutôt encore une véritable forteresse destinée à protéger et à défendre la ville, qu'une simple résidence seigneuriale. Certains détails d'architecture que nous avons remarqués aux diverses fenêtres et à quelques-unes des portes des débris qui nous restent des anciens corps-de-logis de ce château, nous ont fait *supposer*, — nous soulignons à dessein le mot supposer, parce que nous savons que nous manquons complètement de l'érudition et du tact de l'archéologue, — que les divers corps-de-logis qui s'étageaient au-dessous du donjon, dans le sens du prolongement méridional de la montagne, doivent être considérés comme postérieurs et même bien postérieurs à la date de construction du donjon. Il règne dans ces détails d'architecture une variété d'ornements, une pureté de lignes, une élégance de contours et un vif sentiment de l'art qu'on est loin de remarquer dans la grande tour ou donjon qui porte à un haut degré l'empreinte simple, massive et rude des premiers temps féodaux. Dans notre opinion, ces corps-de-logis ont été successivement construits et rattachés au donjon par les divers dauphins qui ont habité ce château. Ainsi se trouveraient expliquées les modifications diverses qu'a subies le plan primitif du château. Le donjon est évidemment le seul et unique débris qui nous reste de sa fondation primitive. Peut-être même ce donjon, — beaucoup d'autres manoirs seigneuriaux sont là pour attester la justesse de notre observation, — composait-il seul, au début, le château, agrandi plus tard par les riches et puissants seigneurs qui avaient résolu d'y fixer leur demeure.

A quelle époque précise ce château, dont les ruines pittoresques se détachent avec un relief si hardi dans le paysage, a-t-il été détruit?... L'histoire, et à son défaut la tradition, ne nous fixent pas sur ce point, et ne nous permettent pas par conséquent de répondre d'une manière satisfaisante à cette question. Nous savons seulement qu'il n'était déjà plus habitable lorsque le roi de France, François I$^{er}$, vint à Crémieu en 1536. Ce fut cette raison seule qui lui fit choisir pour demeure, pendant la durée de son séjour dans cette contrée, le château de St-Julien, si magnifiquement restauré depuis quelques années par une noble dame non moins distinguée par les qualités du cœur que par les charmes de l'esprit, M$^{me}$ la comtesse de Chapponais.

Ce fut à cette époque que l'on boucha la porte dite porte de Quirieu, et que l'on ouvrit, à trente mètres plus loin, dans la maçonnerie du rempart, la grande porte connue depuis lors sous le nom de *porte Neuve*. Pour faire honneur au roi François I$^{er}$, on avait démantelé sur ce point une partie du rempart afin que ce prince, au lieu d'entrer dans la ville par la porte commune, y entrât comme le vainqueur entre par la brèche dans la ville assiégée.

Nous ne reviendrons pas, bien que la description que nous venons de donner de l'ancien château delphinal semble presque nous en faire une loi, sur ce que nous avons dit dans la première partie de cette notice au sujet du système des fortifications si ingénieusement combiné, qui reliait le château non seulement au restant de la ville, mais à la colline même de St-Hippolyte.

Crémieu, ainsi que nous l'avons déjà dit, comptait autrefois deux églises paroissiales, celle de saint Marcel qui occupait le centre de la ville, et celle de saint Hippolyte bâtie au sommet de la colline de ce nom. Toutes les deux ont disparu depuis le xvie siècle, car l'église de Saint-Marcel existait encore en 1552. On sait que celle de Saint-Hyppolite fut ruinée et détruite de fond en comble par les protestants quelques années plus tard.

Une nouvelle église paroissiale leur fut substituée : Crémieu avait bien des églises, mais ces églises étaient simplement conventuelles et ne servaient par conséquent qu'à l'usage spirituel des religieux ou des religieuses qui peuplaient les monastères bâtis dans son enceinte.

Les commencements de cette église ne furent pas exempts de peines et de tribulations; non seulement pour le prêtre vénérable qui en avait jeté les premiers fondements, mais encore pour ceux qui furent appelés à le remplacer en qualité de curé de Crémieu.

Le premier fondateur de cette nouvelle église paroissiale se nommait Tristan Pellerin. Il était seigneur d'Hyères, quartenier de l'église métropolitaine de Saint-Maurice de Vienne et curé de Crémieu. Les travaux de construction ordonnés par lui et payés de ses deniers, commencèrent le 27 mai de l'année 1504. Il ne fit faire que l'abside ou chœur, espérant, non sans raison, que les libéralités des fidèles achèveraient complètement plus tard l'œuvre pieuse si généreusement entreprise par lui. Ses prévisions se réalisèrent, mais bien postérieurement après sa mort.

Nonobstant la fondation de la nouvelle église, le service divin se faisait toujours dans l'ancienne église paroissiale de Saint-Marcel; mais, plus tard, les curés de Crémieu s'accoutumèrent si bien à venir célébrer les saints mystères dans la nouvelle église, qu'ils désertèrent tout-à-fait celle de Saint-Marcel. Les fidèles les suivirent, et cet état de choses se prolongea jusque en 1552, où les habitants, par l'organe de leurs consuls, enjoignirent au curé de ne plus célébrer le service divin dans cette église, mais bien dans celle de Saint-Marcel.

La raison secrète qui porta les habitants à faire en quelque sorte fermer la nouvelle église fut, il faut bien le reconnaître, une raison d'économie. L'église nouvelle était à peine commencée et ils craignaient, en y autorisant ainsi la célébration du service divin, d'être plus tard obligés d'achever, à leurs frais, la construction de ce nouvel édifice religieux.

Toutes les difficultés s'aplanirent enfin : l'église de Saint-Marcel n'offrait plus qu'un monceau de ruines, et force fut bien aux habitants d'achever l'œuvre de Tristan Pellerin.

La paix générale de 1660 avait rendu le calme et la prospérité au pays ; aussi l'achèvement du nouvel édifice fut-il bientôt complet. La ville contribua pour une somme de *quatre mille quatre cent trente-six livres*, et le dévouement généreux des fidèles fit le reste. Parmi ces derniers il en est un dont la reconnaissance publique a sauvé le nom de l'oubli ; il est vrai de dire que ce nom revient toujours lorsqu'il s'agit d'une action glorieuse ou d'un grand bienfait accordé au pays, c'est celui du comte de Lapoipe Saint-Julien, celui-là même à la générosité duquel Crémieu doit son Refuge pour les vieillards. Ce fut lui qui fit construire à ses frais, en 1678, le portail qui servait d'entrée à cette église.

L'église achevée, moins cependant la tour carrée qui lui servait de clocher, qui ne fut terminée que longtemps après, en 1690, clocher dont on aperçoit encore les débris, il fallut la bénir et la consacrer. Le 13 juin 1680, l'archevêque de Vienne, Henri de Villard, quitta son siége archiépiscopal pour venir lui-même à Crémieu consacrer la nouvelle église, quoique cet honneur soit ordinairement réservé aux cathédrales ou aux grandes églises paroissiales. De grandes réjouissances publiques eurent lieu dans cette ville à l'occasion de cette solennité qui avait attiré un concours prodigieux de fidèles venus de toutes les contrées voisines. Les fêtes durèrent plusieurs jours, et le prélat quitta Crémieu, ravi de l'accueil qu'il avait trouvé au milieu de la population de cette ancienne cité.

Malheureusement cette église, qui s'élevait au centre de la ville sur l'emplacement occupé aujourd'hui par la maison de M$^{me}$ veuve Pierre Labonnardière, fut complètement détruite. C'est alors que la ville songea à utiliser et à convertir en église paroissiale l'église conventuelle des Pères Augustins. Cette église dont l'état de conservation était satisfaisant, — chose étrange! après la ruine de tant d'édifices religieux consommée par les mains dévastatrices des protestants,—répondait en outre, par les dispositions et les dimensions de son plan, aux exigences d'une population réduite alors à un chiffre de moins de 1,500 âmes (1).

(1) Avant l'invasion de la peste de 1720, dite *peste de Marseille*, la population de la ville de Crémieu s'élevait à 7,000 âmes. En 1750, dans le court espace de 30 ans,

C'est ainsi que l'église de l'ancien monastère des Pères Augustins de Crémieu est devenue l'église paroissiale de cette ville. Elle reconnaît pour patron saint Jean-Baptiste, vénéré protecteur, sous le vocable duquel l'église paroissiale à laquelle elle a succédé était placée. Au point de vue monumental, cet édifice ne se recommande par rien de bien saillant : son portail à triple rang d'archivoltes, exhaussé au-dessus du sol sur un perron de cinq marches, son clocher surmonté d'une flèche légère et élancée et son abside offrent cependant quelque intérêt et méritent d'arrêter, au moins pendant quelques instants, les regards de l'artiste et de l'archéologue. Les ogives tréflées qui rayonnent

elle était réduite à 900 âmes ; en 1768, elle était remontée à 2,130 âmes, et elle n'est plus aujourd'hui que de 1,873. — Crémieu est encore néanmoins la 13me ville en population du département de l'Isère, et chef-lieu du 9me canton, également en population, sur 45 cantons dont se compose le département.

au sommet des longues et étroites fenêtres de l'abside, les ornements divers qui parent les chapiteaux des piliers qui, dans la nef, soutiennent les retombées de la voûte, indiquent tout à la fois le quatorzième et le quinzième siècles qui ont si splendidement orné tant de basiliques de l'époque ogivale, et les naissantes lueurs de ce seizième siècle qui a ramené l'art dans les sentiers trop longtemps délaissés du goût et du beau antiques. La variété d'ornements qui apparait aux chapiteaux de ces piliers devrait être considérée comme insolite et presque anormale, si la tradition n'était pas là pour nous fournir une explication naturelle de cette bizarrerie sculpturale.

Lors de la construction de cette église, plusieurs nobles familles de Crémieu et des environs voulurent, mues par un sentiment de fervente piété, apporter leur offrande à ce monument. Chacune de ces familles prit à sa charge la constrution de l'un de ces piliers, et afin de laisser après

elle un souvenir saisissant à tous les yeux de sa libéralité, elle adopta pour l'ornementation des chapiteaux un dessin différent. N'eut-il pas mieux valu, puisque ces nobles familles tenaient tant à ce que le souvenir de leur généreuse conduite fût transmis et perpétué, faire graver dans la pierre de chaque pilier le chiffre exact de leur don et les armes de leur famille ? Nous connaîtrions ainsi leur nom et nous pourrions payer un juste tribut de reconnaissance et d'éloges à leur libéralité, tandis que nous ignorons tout à la fois et le nom et le chiffre des dons des bienfaiteurs de cette église paroissiale de Crémieu.

Cette église garde précieusement sous les dalles du pavé de sa chapelle principale, les restes mortels du comte Louis de Lapoipe Saint-Julien, fondateur et bienfaiteur de l'hospice connu sous le nom de *Refuge des vieillards*. Chaque jour les douze vieillards, dont la bienfaisante charité de cet homme de bien a assuré le repos et le bonheur, viennent entendre la messe dans cette chapelle et prier pour le repos de son âme.

L'église nous conduit naturellement à parler des différentes maisons religieuses tant d'hommes que de femmes qui existaient autrefois à Crémieu.

Ces maisons étaient au nombre de cinq, dont trois d'hommes et deux de femmes. Les maisons d'hommes appartenaient à trois ordres différents : l'une relevait de l'ordre de Saint-Benoît (les Bénédictins), l'autre de celui de Saint-François (les Capucins), l'autre enfin de celui de Saint-Augustin (les Augustins).

Les deux maisons de femmes suivaient l'une, la règle assez douce que sainte Françoise de Chantal, leur fondatrice, avait donnée aux dames de la Visitation (les Visitandines); l'autre placée sous l'invocation de sainte Ursule, celle bien plus austère de saint Augustin (les Ursulines).

Le monastère des Bénédictins a laissé peu de souvenirs dans la contrée. Ce monastère qui s'élevait au sommet de la colline de St-Hippolyte, était pourvu de moyens de défense qui faisaient de ce paisible asile du recueillement et de la prière, un lieu redoutable aux ennemis du dehors. Sa chapelle conventuelle servait d'église paroissiale au quartier *est* de Crémieu, et comprenait, dans sa circonscription spirituelle, les hameaux de Blied et de Mont-Louvier réunis à la paroisse de Dizimieu, le 16 mai 1640. Les Bénédictins desservaient cette paroisse et remplissaient auprès des fidèles les fonctions et les devoirs de prêtres séculiers.

Ce monastère fut l'objet des attaques violentes des protestants en 1562, presque au début de nos guerres civiles religieuses. Il fut pris et détruit presque en entier; la tour à horloge construite en 1541, et qui par sa forme svelte et originale rappelle vivement aux yeux et à l'esprit les tours à horloge de nos anciennes villes du nord, résista aux attaques dévastatrices des protestants. Debout à la cime escarpée du rocher qui surplombe le précipice au fond duquel la nouvelle ville de Crémieu aligne ses maisons, elle nous apparaît comme une exhumation en quelque sorte vivante d'une autre civilisation et d'une autre époque.

Outre la tour à horloge, gracieux débris que la main des démolisseurs a respecté, il existait encore, à l'époque de la révolution française, une grande tour carrée qui servait de clocher au monastère. Cette tour monumentale, élevée sur d'énormes assises de pierres taillées et relevées en bossage, servit de lieu d'exposition, pendant *cent jours*, à la statue allégorique de la Liberté. A la chute de Robespierre, la statue fut renversée par les mêmes hommes qui, cent jours auparavant, l'avaient solennellement édifiée au sommet de cette grande tour, et chose singulière, d'autres diraient providentielle, la pluie, qui pendant les cent jours qu'avait duré l'exposition publique de la statue de la Liberté, avait refusé à la campagne altérée de Crémieu ses bienfaisantes fraîcheurs, tomba avec abondance deux heures après la destruction de cet emblême révolutionnaire. Quant à la tour, quoique mutilée, et réduite à moins d'un tiers de sa hauteur primitive, elle résista quelques années encore. Sa chute et sa disparition complète du sol datent d'une douzaine d'années tout au plus. Des causes toutes naturelles déterminèrent seules sa ruine.

Le couvent des Capucins, dont nous allons avoir bientôt l'occasion de parler encore au sujet de l'établissement des Frères de la doctrine chrétienne, fut fondé en 1615 par les libéralités pieuses des habitants de Crémieu. Noble demoiselle de Buffévent, dame de Mont-Chalin, donna, pour aider à la fondation de ce monastère, un verger auquel la ville ajouta un second verger sur l'emplacement duquel la maison conventuelle fut construite. Ce monastère, dont l'importance ne fut jamais très-grande, comptait seulement quelques religieux placés sous la direction spirituelle d'un *gardien*.

On sait qu'on nomme ainsi les supérieurs des communautés des Capucins.

Le couvent des Augustins avait une très-grande importance. Fondé en 1317 par le dauphin Jean II, il fut quelques années après, en 1337, agrandi et en quelque sorte complété par son petit-fils le dauphin Humbert II, fils de Guigues. La mort vint arrêter Jean II au milieu de son œuvre. Le couvent fondé par lui ne pouvait contenir que dix religieux : les constructions qu'y ajouta le dauphin Humbert II permirent de porter le nombre de ces derniers à trente. Le petit-fils de Jean II ne borna pas là ses libéralités ; il dota généreusement l'établissement fondé par son grand-père, et fit de ce monastère l'une des maisons religieuses les plus riches et les plus importantes de la province. Ce dauphin, en qui s'éteignit la puissance souveraine des seigneurs de la maison de ce nom, avait un goût prononcé pour le faste. Il imprimait à toutes les fondations pieuses ou séculières conçues et exécutées par lui le même cachet de grandeur fastueuse et de folle prodigalité. C'est là ce qui explique les proportions vraiment monumentales de cet édifice qui, outre de vastes appartements aujourd'hui occupés par le presbytère et par la mairie, possédait encore un cloître servant de promenade couverte aux Religieux. Ce monastère survécut longtemps aux deux puissants seigneurs qui s'étaient faits tout à la fois ses fondateurs et ses généreux protecteurs. La révolution française, en sécularisant les ordres religieux, dispersa les Augustins et donna une autre destination au pieux asile où ils avaient vécu pendant plusieurs siècles tranquilles, heureux et honorés.

Ce fut à la ville de Crémieu que le gouvernement accorda la propriété du monastère devenu bien national, et comme tel acquis au domaine de l'état. Cette donation ne fut cependant pas purement gracieuse et gratuite de la part du gouvernement. Le monastère ne fut donné par lui à la ville qu'en échange d'autres constructions que cette dernière concéda. Ces constructions, il faut le reconnaître toutefois, n'avaient pas une valeur égale à celle du monastère : elles consistaient en deux maisons, dont l'une servait au conseil de la commune qui y tenait ses séances, l'autre était occupée par la gendarmerie.

L'état les a, depuis 1813, vendues toutes les deux à divers habitants de Crémieu.

Le premier des couvents de femmes était, par ordre de date de fondation, celui de la *Visitation*. Ce couvent, dont les splendides bâtiments dominaient la ville, fut fondé en 1627 par noble Melchior de Lapoype et dame Grasset son épouse. Il y a cependant ce fait assez singulier à constater; c'est que l'acte de fondation est antérieur de cinq années au commencement des travaux de construction. Quelle cause détermina ce retard?... l'argent nécessaire fit-il d'abord défaut aux pieuses

intentions des fondateurs, ou bien y eut-il des formalités longues et difficiles à remplir?... Rien de précis n'a été articulé à ce sujet.

La construction des bâtiments du monastère commença avec les premiers jours de l'année 1632, et ne reçut son complet achèvement que vers le milieu de l'année 1689. L'église ou plutôt la chapelle, construite avec les matériaux provenant de la démolition du château delphinal qu'une ordonnance royale avait mis à la disposition des fondateurs du monastère, fut commencée en 1664 et terminée en 1667. Cette chapelle portait à un haut degré l'empreinte d'un vif sentiment de l'art. Les débris de peinture à fresque qu'on aperçoit encore sur le revêtement de ses parois intérieures témoignent de la richesse de ce monastère qui comptait trente religieuses, et fut le premier de l'institut fondé dans le diocèse de Grenoble, et le vingt-huitième de tout l'ordre. Les noms de sainte Françoise de Chantal et de saint François-de-Sales se lient intimement à ce monastère. C'est par les soins de ces deux pieux et éminents personnages dont l'Église honore et vénère si justement la mémoire, que les volontés des fondateurs purent être exécutées. Les fastes de ce monastère constatent que sainte Françoise de Chantal et saint François-de-Sales l'honorèrent de leur présence, et y passèrent même, dit-on, plusieurs jours. Ce monastère subit le sort de tant d'autres établissements religieux dont l'ouragan révolutionnaire a dispersé au loin les débris. Les religieuses durent fuir et leur maison fut vendue au nom de la nation, et acquise par divers habitants de Crémieu qui s'en sont partagé les vastes et somptueuses dépendances.

Le couvent des dames de Sainte-Ursule était construit presque immédiatement au-dessous de celui des dames de la Visitation. Il n'avait point l'importance et l'ampleur monumentale de ce dernier.

Fondé en 1635 par des Ursulines venues de Bourg-en-Bresse, appelées et dotées à cet effet par Bertrand de Breuïl, baron de la Bâtie, il partagea, à l'époque de la révolution française, le sort désastreux de son voisin. Seulement ses bâtiments, au lieu de devenir, comme ceux du monastère de la Visitation, la propriété particulière de quelques habitants de Crémieu, furent cédés gratuitement par l'état, au commencement de ce siècle, à cette ville, à la charge par cette dernière d'y fonder et d'y entretenir, à ses frais, une école de second degré (collége communal). La ville, bien inspirée, accepta avec le plus louable empressement le don et les conditions imposées par l'état; le collége fut fondé avec toutes les conditions possibles de prospérité et de durée. Malheureusement le résultat n'a pas répondu aux généreux efforts et aux légitimes espérances de la ville; cette dernière, il faut le reconnaître à sa louange, a lutté avec une persévérance et un dévouement dignes d'un meilleur sort. Mais comment résister longtemps aux causes d'affaiblissement et de ruine qui menaçaient de toutes parts un établissement objet de tant de sollicitudes et de tant de soins?... Il fallait pour soutenir un établissement de cette nature des ressources immenses, et l'on sait combien est borné le budget de la ville de Crémieu (1). Comment espérer, d'ailleurs, d'établir une concurrence sérieuse avec une ville telle que Lyon; cette grande cité compte par dizaine des établissements de cette nature, et la proximité de Crémieu fait de cette dernière ville presque un faubourg de Lyon. Nonobstant tous ces éléments de ruine, la ville de Crémieu a, par un effort d'énergique volonté, conservé son collége jusqu'en 1840. A cette époque elle dut, non sans regret, renoncer à lutter plus

(1) Le budget ordinaire des recettes de Crémieu s'élève à la somme de 6,700 francs; celui de ses dépenses à 6,500 francs.

longtemps et mettre un terme à des sacrifices qui étaient sans profit pour cet établissement, et qui compromettaient d'une manière grave ses finances.

Les dames de Sainte-Ursule n'ont pas été, comme les dames de la Visitation, complètement perdues pour Crémieu : cette ville les a vues revenir avec joie se fixer dans son enceinte. Leur nouvel établissement date de 1819. C'est l'ancien hôtel du comte Dubourg qu'elles ont choisi pour demeure.

Aux établissements religieux dont nous venons de présenter l'historique succinct et rapide, nous devons en ajouter trois autres. Les débris qui gisent épars sur le sol marquent seuls la place qu'ils occupaient au sein de cette antique cité. Ce sont trois chapelles depuis longtemps privées de fidèles et de pasteurs : l'une de ces chapelles était placée sous le vocable de Saint-Antoine ; elle servait aux besoins spirituels des malades de l'hôpital et occupait le centre de la rue St-Antoine ; l'autre, qui reconnaissait pour patronne la sainte Vierge, portait le nom de Notre-Dame, nom saint et béni qu'elle avait donné au quartier de la ville qui lui servait d'emplacement; la troisième enfin était utilisée par les pénitents de la confrérie des *Confalons* (1), et s'élevait à l'une des extrémités latérales de la place des Pénitents.

Au milieu de tous ces monuments et de tous ces établissements détruits par l'action lente et corrosive du temps ou par la main meurtrière

(1) La confrérie des *Confalons* fut établie, selon plusieurs historiens, par quelques citoyens romains ; selon d'autres, sa fondation est due au pape Clément IV en 1264 ou 1267. Cette sainte association prit son nom du mot *Confalone*, qui signifie étendard, bannière, à cause de la bannière qu'elle portait et sur laquelle figurait l'image de la sainte Vierge, sous la protection de laquelle la Confrérie se mit. Le but principal de l'association des *Confalons* fut d'aller délivrer les chrétiens captifs chez les Sarrasins. Saint Bonaventure régla les prières que les Confrères devaient réciter; Grégoire XIII confirma cette sainte et pieuse association en 1576.

des hommes, il en est deux qui sont arrivés jusqu'à nous vierges de mutilations et de souillures, protégés qu'ils étaient par le souvenir reconnaissant et pieux des générations qui se sont succédé depuis leur fondation jusqu'à nos jours. Ces deux établissements sont le *Refuge des vieillards* et l'*Hôpital*.

Le Refuge pour les vieillards fut fondé en 1677 par noble messire Louis de Lapoype Saint-Julien, ancien capitaine au régiment de Saux, lieutenant-colonel du régiment de Lesdiguières et lieutenant pour Sa Majesté au gouvernement du fort de Barreaux. Onze vieillards recevaient dans cet asile ouvert à leur misère et à leurs infirmités les soins les plus empressés et les consolations les plus affectueuses. Les deux tiers de ces vieillards devaient appartenir à la ville de Crémieu, et l'autre au village de Siccieu St-Julien.

Peut-être serait-ce ici le cas de rappeler quelques-unes des dispositions principales de l'acte sous forme de testament qui a institué cet établissement, dont la fondation est évidemment due à une pensée éminemment généreuse et philanthropique. L'âme aimante et charitable du donateur se trahit à chaque ligne de cet acte important : sa sollicitude pour les pauvres vieillards qu'il nomme ses héritiers s'y révèle pleine d'intelligence et de dévouement.

Nous copïons textuellement :

« Et d'autant qu'il a plut à Dieu que je ne soit point marié et qu'ainsy ne laissant aucun enfant, je ne laisse personne qui probablement se mêtte en beaucoup de soint pour faire prier Dieu pour moy et suivant aussi en cella les mouvements du Saint-Esprit, je adopte pour mes enfants à la forme que je déclarerai cy après les pauvres vieillards de Crémieu, des villages de St-Jullin et Cissieu, les quels le plus ordinairement sont chargés de gouttes, ulcères et affligés d'autres graves maladies et incommodités, et presque toujours abandonnés d'un chacuns, même de leurs parents. Lesquels pauvres vieillards, je veux et ordonne être secourus en leurs nécessités selon que j'en ordonnerai cy après ainsy que j'ay dit cy dessus.

« C'est pourquoy je veux et entend et ordonne que incontinent après mon deceds, ma maison ou j'abite située dans la ville de Crémieu proche de l'église paroissial de St-Jean avec toutes ces circonstances et dépendances et addition joignant la rue de la ditte église de St-Jean aux maisons et rues appelés des Cauchets du matin, l'autre rue tandant du four Bannal dudit Crémieu à la chappelle de Notre-Dame-du-Reclus de bise, la maison de Jacques Grilliat du soir, la maison de dame Antoinette Demonlauvier et la maison de Pierre-Antoine Grilliat du vent.

« Plus une petite maison ou étable que j'ay audit lieu proche et au dernier de la ditte église de St-Jean du vent, la maison de Claude Chevaillé dit la Gaujat du matin, la susditte rue tandant dudit four Bannal de Crémieu à laditte chapelle de Notre-Dame-du-Reclus de bise, et la maison ou étable du sieur Claude Grilliat du soir.

« Plus une autre maison au même lieu joignant la ditte rue tandant dudit four Bannal à la ditte chappelle de Notre-Dame-du-Reclus du vent, et l'autre rue tandant à la ditte église de St-Jean de Crémieu auditte maison et rue appelé des Fauchets du soir, la maison de Monsieur le curé de bise, et la maison d'Antoine Jambet du matin, et la même que j'ay acquit d'un nommé Amau, par acte reçu par M⁰ Amaurie, notaire, le 25 mars 1667, avec leurs plassages, circonstances et dépendances dyceux baptiments.

« Et de plus je veux et ordonne que tous les meubles qui se trouveront lors de mon décéds dans la ditte maison et étable, desquelles sortes et qualité qu'il soient sauf ce que j'en excepterai cy après soyent converti en un hopital que je fonde en l'honneur de Dieu et de la très-sainte vierge Marie, la quelle je prend protectrice dudit hopital envers Jésus-Christ son fils unique, et je veux que ledit hopital soit dédié sous le vocable de Notre-Dame-du-Reclus, dans lequel hopital lesdits pauvres vieillards seront nourri, traités et entretenu selon la partie des biens et revenus d'yceux, qui seront par moy cy apprès donnés et affectés pour ce sujet, sur la valeur duquel revenus je veux que le nombres des pauvres soit reglé par MM. les executeurs de cest important article de mon testament cy après nommée.

« Les pauvres de Crémieu en faisant les deux tiers, et ceux du village de St-Jullin et Cissieu l'autre tier, lesquels pauvres seront effectivement logé dans la ditte maison, sans que l'on puisse jamais sous quelques prétexte vendre et changer, aliéner ny louer lesdittes maisons prohibant même par exprès les prétexte de faire la condition meilleures, voulant et entendant et ordonnant qu'à perpétuité lesdits pauvres soyent nourris et secourus, dans mes dittes maison et non ailleur et d'autant que je prevois que parce que la maison donné ne sera pas assez grande, ou parce que les revenus affecté ne pourra pas porter une telle dépence à cause du grand nombre de personne qu'il contiendrait, gager pour le services desdits ou même parceque l'on aurait de la peine de trouver dans ce bourg de Crémieu des personnes assez entendues, ou assez charitable pour un tel employe, l'établissement dudit hopital sera difficile. Voulant néanmoins qu'à perpetuité mes dittes maisons servent de retraite aux dits pauvres et que le revenu des dits biens donnés pour leurs entretiens soyent consumée par eux dans ycelles, je crois qu'il sera apropos de prendre un juste millieu, qui est d'en prendre des plus miserables et plus incommodés, le quel nombre sera raiglé par les executeurs et directeurs de ce présent article pour être logés, nourris et traiter dans la susditte maison donné et faire consumer le restant du revenu aux autres pauvres à la manière que je l'ai pratiquer depuis quelques années, laquelle est assez connüe et la ditte manière est ledit pauvre d'aprésent viennent diné dans ma ditte maison, et après qu'ils ont diné ont leurs donne une bonne pièce de pain et un peu de viande, qu'ils portent chez eux pour leurs soupé.

« Et afin que les susdits pauvres puissent être traités et secourus tant spirituellement que corporellement ainsy que j'ay dit cy dessus, outre lesdittes maisons donnés, je donne et laigue par droit d'institution ou fondation particulière, je laisse audit hopital les biens et revenus cy après spéciffiés. »

Suit l'énumération des biens meubles et immeubles légués au *Refuge*.

Ainsi qu'on le voit, les bienfaits du *Refuge* ne devaient, d'après la volonté expressément formulée par son fondateur, profiter qu'aux vieillards pauvres de Crémieu et du village de Sicci017 St-Julien. Digne émule de Louis de Lapoype, Ponce de Loras voulut étendre aux pauvres des villages voisins où il possédait de grands biens, les secours généreux de cet établissement dont les revenus s'élevaient déjà, en 1775, au dire des savants et consciencieux auteurs de la Statistique générale du département de l'Isère, à la somme de 2,200 liv., et les dépenses à celle de 2,175 liv. (1). Il assigna à cet effet, en 1768, un capital de 10,000 livres destiné à l'entretien perpétuel dans ce refuge de deux vieillards pris l'un dans le village de St-Hilaire, et l'autre dans celui de Chamagnieu où il faisait sa résidence principale. Cette somme considérable pour l'époque fut déposée par lui à Lyon dans le trésor de l'Hôtel-de-Ville. Toutes les formalités exigées pour la sûreté de la créance furent remplies. Il y eut, ainsi que cela se pratiquait d'ordinaire, un acte notarié, dans lequel acte in-

(1) Les revenus bruts du *Refuge* s'élèvent aujourd'hui à la somme de 6,000 fr.

tervinrent Ponce de Loras en qualité de prêteur, et le prévôt des marchands ainsi que six échevins, acceptant pour la ville le prêt de Ponce de Loras. Cet acte portait une constitution de rente servie par le trésor de la ville au rentier qui devenait ainsi pensionnaire de la ville.

Un décret de la Convention du 8 germinal an II (1) stipula les dispositions relatives à l'inscription au grand livre et au paiement des créanciers de Lyon et de Toulon. Un autre décret du 25 germinal (2) concernant les rentes de l'Hôtel-de-Ville de Paris portait, art. I$^{er}$ : à compter du 1$^{er}$ floréal prochain, les payeurs et contrôleurs des rentes de l'Hôtel-de-Ville de Paris cesseront le paiement des rentes dont ils étaient chargés. Art II. Les commissaires de la trésorerie nationale feront vérifier, le 1$^{er}$ floréal prochain, les caisses des payeurs des rentes, et ils feront verser de suite les

(1) *Moniteur*, n. 189, 9 germinal an II (29 mai 1794).
(2) *Moniteur*, n. 205, 25 germinal an II (14 avril 1794).

fonds qui s'y trouvent dans la caisse de la trésorerie nationale. Art. III. Les arrérages des intérêts et rentes qui sont dus et étaient payés par les payeurs des rentes, seront acquittés, à compter du 1er floréal, à bureau ouvert par la trésorerie nationale, à la charge par les créanciers de remplir diverses conditions. Enfin un troisième décret des 28 floréal et 5 prairial an II (1), fit déclarer dettes nationales les rentes viagères des villes et communes de France, et assujettit les porteurs de rentes à certaines formalités. Dans sa séance du 27 floréal an II, le département du Rhône, s'appuyant, par une bizarrerie singulière, sur le décret du 25 germinal qui concernait les rentes de l'Hôtel-de-Ville de Paris, appliqua aux créanciers de l'Hôtel-de-Ville de Lyon les mesures qui y sont indiquées. Dans cette transmutation des dettes des villes mises à la charge de la trésorerie nationale,

(1) *Moniteur*, n. 249, 9 prairial an II (28 mai 1794).

les titres du *Refuge* de Crémieu ont-ils été oubliés, ou bien n'a-t-on pas rempli les formalités exigées dans ces temps rigoureux? c'est ce qu'il est difficile encore d'éclaircir. Mais les démarches faites à cette époque pour le recouvrement de cette rente demeurèrent sans résultat.

L'administration du *Refuge* en appela plus tard à la justice de Napoléon Bonaparte, alors premier consul.

Une députation choisie parmi les habitants notables de Crémieu et composée de MM. Candy notaire, Molard, ancien religieux des Augustins; Masclet, receveur de l'enregistrement; et Victor Pasquet, aujourd'hui maire de la ville, se rendit auprès du premier consul qui se trouvait à cette époque à Lyon. Tous les efforts furent vains, et le premier consul, malgré tout son bon vouloir, ne put faire restituer *au Refuge* des vieillards de Crémieu une somme qui lui était cependant si légitimement acquise. C'est ainsi que les villages de St-Hilaire et de Chamagnieu ont perdu le droit d'envoyer à l'hospice de Crémieu deux vieillards pauvres choisis au milieu de leur population.

Qu'il nous soit permis de rappeler ici, à propos de l'hôpital *du Refuge* fondé par Louis de Lapoype, le nom et les services glorieux de l'un de ses dignes descendants, le lieutenant-général marquis de Lapoype. Crémieu n'a pas, il est vrai, eu l'honneur d'avoir vu naître ce dernier; mais parler de lui, vanter son patriotisme si ardent et si désintéressé et sa bravoure chevaleresque, raconter cette existence consacrée tout entière à la défense du pays, n'est-ce pas payer un juste tribut d'hommage et de reconnaissance à la mémoire vénérée de l'ancêtre généreux dont chaque acte de la vie fut marqué par une noble action ou par un bienfait....

Jean-François de Lapoype naquit à Lyon le 31 mai de l'année 1758. La famille à laquelle il appartient est l'une des plus illustres de l'ancienne province du Dauphiné. Divisée en trois branches, cette famille a fourni dans les trois lignes des hommes également recommandables et distingués. Guichenon et Guy Allard, toujours si exacts et si bien renseignés à l'endroit des familles de la noblesse française, nous apprennent que les trois branches de la noble famille de Lapoype se divisaient ainsi : celle des comtes de Serrière qui comptait parmi ses membres un connétable du dauphin, Estienne de Lapoype, mort en 1293; un chambellan du roi Charles VII, Antoine de Lapoype; un mestre de camp d'infanterie servant dans les armées du roi Louis XIII, Albert de Lapoype. — Celle des seigneurs de Vertrieu, enfin celle des barons de la Cueille et des seigneurs de St-Julien. Ces deux dernières branches marchaient les égales de la précédente : comme la première, elles s'enorgueillissaient justement et des hommes qu'elles avaient produits et des services qu'ils avaient rendus. N'était-ce pas dans leurs rangs qu'avait pris naissance Loup de Lapoype, le noble guerrier qui se signala d'une façon si brillante, en 1346, à la bataille de Crécy, qu'un de nos rois, l'infortuné Louis XVI, disait un jour en parlant de lui au duc de Noailles, colonel des gardes-françaises dans lequel servait de Lapoype gentilhomme, sur l'ancienneté de la famille duquel le duc de Noailles avait semblé vouloir élever quelque doute : « Taisez-vous, duc, « Lapoype vaut plus que vous, car un des siens a « sauvé un Bourbon à Crécy. » Enfin Guichard de Lapoype, qui eut l'honneur de partager la captivité du roi Jean ; Gabriel de Lapoype bien jeune encore, et lieutenant d'une compagnie de cent hommes d'armes ?...

Jean-François de Lapoype embrassa avec l'élan généreux d'une âme ardente et passionnée la cause de la révolution française. Homme aimable, au caractère enjoué, à l'esprit gracieux et éminemment cultivé, Jean-François de Lapoype, qui était alors simple officier aux gardes-françaises, fréquentait assidument la maison de Fréron, le critique que ses longs démêlés avec Voltaire ont rendu si célèbre. Dans cette maison, où se donnaient rendez-vous les littérateurs et les hommes les plus distingués de l'époque, le jeune officier avait tout d'abord remarqué une jeune fille douée à un haut degré des avantages et des qualités qui assurent à une femme dans le monde un long et durable succès.

Cette fille était celle de Fréron : Jean-François de Lapoype, qui n'avait pu la voir et l'entendre sans l'apprécier et sans l'aimer, demanda et obtint sa main. Ce mariage qui le rendait le beau-frère de Fréron, celui-là même qui, peu d'années après, fut appelé à siéger dans la Convention, acheva de déterminer sa vocation politique.

Depuis cette époque, c'est une justice que nous devons nous empresser de lui rendre, Jean-François de Lapoype est demeuré religieusement fidèle aux convictions de sa jeunesse. C'est là un noble exemple à offrir aux générations futures, que celui de cet homme que toutes les séductions du pouvoir ont constamment trouvé inébranlable dans la résolution qu'il a prise de suivre, sans dévier, la ligne de conduite politique qu'il s'est tracée. Combien compte-t-on d'hommes, à notre époque de corruption et de trahison de toutes sortes, qui, comme Jean-François de Lapoype, puissent justement se glorifier d'un aussi généreux désintéressement et d'un pareil dévouement à leurs opinions politiques?... Combien au contraire en avons-nous vus qui, foulant aux pieds l'idole qu'ils avaient encensée la veille, se sont faits sans pudeur, le lendemain, les courtisans et quelquefois même les séides du pouvoir qu'ils avaient le plus énergiquement combattu ! L'amour des richesses et des honneurs fait si souvent oublier aux hommes les plus haut placés les saintes lois de la délicatesse et de l'honneur ! — Heureux, bien heureux ceux qui, comme Jean-François de Lapoype, savent se conserver purs et inébranlables dans leur foi politique ! Nous estimons et nous approuvons hautement l'homme que le raisonnement et le mouvement imprimé aux idées de son temps amènent à modifier ses opinions, mais nous ne saurions accorder nos sympathies et encore moins notre estime à celui qui, pour un peu d'or, pour une place, ou pour un ruban, renie son dieu politique et vend son corps et son âme au pouvoir qui, hier encore, le comptait au nombre de ses ennemis les plus ardents.

Enumérer les états de service de Jean-François de Lapoype, c'est rappeler au souvenir de tous l'une des pages les plus glorieuses de nos fastes militaires.

Officier aux gardes-françaises à l'époque de la révolution, Jean-François de Lapoype fut nommé, en 1792, colonel du 100e régiment d'infanterie par le roi Louis XVI sur la présentation de Servan, ministre de la guerre et beau-frère de Fréron. Il devint peu de temps après maréchal-de-camp. Ce fut en cette qualité qu'il fut appelé à réprimer les mouvements séditieux qui, à l'occasion de la cherté des grains, avaient si gravement compromis la tranquillité publique à Chartres. Il sut dans cette circonstance, comme toujours, merveilleusement allier ensemble les exigences souvent rigoureuses de la justice avec la modération et les ménagements réclamés par l'humanité.

Cette mission toute de confiance qu'il avait si heureusement remplie, l'avait mis en évidence ; aussi fut-il, immédiatement après son retour de Chartres, désigné pour aller servir, sous les ordres de Biron, en qualité de chef d'état-major, à l'armée de Nice. Ce fut dans les rangs de cette armée, où il avait donné des preuves non équivoques de ses talents militaires que vint le trouver, le 15 mai 1793, l'arrêté du gouvernement qui l'élevait au grade de général de division.

On sait que général-commandant la division de l'est au siége de Toulon, il obtint, pour prix de la conduite courageuse qu'il avait tenue devant cette ville, qui est tout à la fois l'une de nos villes les plus fortes et l'un de nos grands ports maritimes, et que la trahison avait livrée aux Anglais, une mention conçue dans les termes les plus honorables et les plus flatteurs pour lui, mention que la Convention, par un vote unanime et spontané, consigna dans le procès-verbal de sa séance du 9 septembre 1793.

M$^{me}$ de Lapoype, femme courageuse et dévouée, qui avait voulu prendre sa part des périls qu'allait affronter son mari, fut faite prisonnière ainsi que ses enfants aux portes de Toulon, et sous les yeux mêmes du général. La municipalité toulonnaise prit aussitôt un arrêté par lequel elle rendait la femme du général de Lapoype responsable de la tête de la reine Marie-Antoinette enfermée au Temple. Cette mesure en provoqua une autre de la part de la Convention, qui est une preuve bien précieuse et bien touchante de la considération méritée qui entourait le général. Cette célèbre assemblée décida, sur la proposition d'un de ses membres, Jean-Bon-St-André, que les prisonniers anglais seraient à leur tour responsables sur leurs têtes de la sûreté personnelle de M$^{me}$ de Lapoype et de celle de ses enfants. Les Anglais qui, eux aussi, savaient justement apprécier le général, se montrèrent pleins de déférence et d'égards pour la mère et les enfants que les hasards de la guerre avaient ainsi fait tomber entre leurs mains. M$^{me}$ de Lapoype rendit elle-même le plus éclatant hommage à la courtoisie et à l'humanité de l'amiral anglais Hood.

Après la reprise de Toulon sur les Anglais, reprise à laquelle le général de Lapoype qui commandait la colonne qui avait attaqué le fort Pharon avait puissamment contribué, ce dernier vint à Marseille dont on lui donna le commandement, et qui fut, presque aussitôt après son entrée dans cette ville, mise en état de siége. Les conventionnels Barras et Fréron exerçaient alors dans le midi les fonctions terribles et redoutées de proconsuls.

Ici vient tout naturellement se placer la relation d'un fait entièrement inédit dont nous devons la connaissance à la bienveillante obligeance du général lui-même.

Ce dernier, commandant en chef de la ville de Marseille et de toutes les côtes jusqu'à Toulon, avait sous ses ordres le général Bonaparte, spécialement chargé du commandement supérieur de l'artillerie. Sans en avoir préalablement conféré avec le général de Lapoype et sans avoir par conséquent obtenu son assentiment, le général Bonaparte proposa aux représentants du peuple, en mission à Marseille, de réarmer les forts comme ils l'étaient avant la révolution, c'est-à-dire de compléter leur armement tant du côté de la ville que du côté de la mer. Le soir même du jour où cette proposition aussi imprudente qu'intempestive fut faite, elle fut connue du club des Jacobins. Cette assemblée populaire l'accueillit avec des cris d'indignation et de colère : le nom du général de Lapoype fut alors seul prononcé, car ce fut d'abord à lui seul que le peuple de Marseille attribua le projet de réarmement des forts contre la ville. Il fut à l'instant même dénoncé à la Convention qui, à la réception de cette dénonciation, décréta, le 9 thermidor (février 1794), que les généraux de Lapoype et Bonaparte seraient *traduits* à sa barre.

Heureusement il se trouva parmi les secrétaires de la Convention un ancien garde-du-corps, ami particulier du général de Lapoype qui, chargé ce jour là de la rédaction du décret de comparution lancé contre les généraux de Lapoype et Bonaparte, et comprenant toute l'imminence et toute la gravité du danger qui menaçait son ami si le décret de la Convention était exécuté selon la sévérité rigoureuse de ses termes, eut le courage, et il en fallait beaucoup car il n'y allait rien moins pour lui que de la vie, de substituer aux mots *sont traduits* ceux *sont mandés*; cette substitution sauva probablement la vie du général. Au lieu d'être arrêté à Marseille et conduit à Paris comme un criminel politique dont le sort n'aurait pu être douteux à cette époque d'exécutions sanglantes, il se rendit à la capitale en toute liberté. Les explications qu'il fournit à la Convention furent si loyalement présentées et parurent si concluantes, que cette dernière non seulement le releva de l'accusation formulée contre lui, mais l'admit encore aux honneurs de la séance.

Le général de Lapoype fut peu de temps après gouverneur de la ville de Lyon, et destitué par le comité de salut public.

Le directoire le remit en activité et le consulat se hâta, aussitôt après son avénement au pouvoir, d'utiliser les services d'un officier général qui avait donné, dans tant d'occasions, des preuves éclatantes de sa capacité et de sa bravoure.

En 1799, il l'envoya à l'armée d'Italie; ce fut lui qui, après le traité de Léoben, remplaça le général Dessoles dans la Ligurie. Sa conduite, à cette époque de sa carrière militaire, fut digne des plus grands éloges. Le gouvernement consulaire lui en exprima publiquement sa satisfaction. Grâces aux sages et prudentes mesures qu'il avait prises, grâces surtout à cet esprit de justice et de conciliation qu'il savait si bien apporter dans tous les actes de sa vie militaire et politique, il parvint, non sans peine cependant, à maintenir une harmonie parfaite entre les Français et le gouvernement de Gênes. Il était en effet bien difficile de faire vivre en bonne et parfaite intelligence les vainqueurs avec le gouvernement vaincu. Si justes et si bons que soient les vainqueurs, il y a dans le fait même qui a donné le pouvoir à ces derniers quelque chose d'humiliant pour le vaincu qui blesse profondément son amour-propre, qui révolte ses instincts de nationalité, et lui fait considérer et traiter comme des ennemis ceux que la supériorité des armes à rendu les maîtres et les arbitres souverains de ses destinées.

En 1800, il fit une expédition dans les montagnes de la Ligurie : cette expédition fut marquée par des succès. A son retour il joignit, avec sa division, l'armée de réserve et vint, après la bataille de Marengo, opérer le blocus de la ville de Mantoue.

Commandant en 1802 de la 12e division militaire à Nantes, il fut l'un des premiers généraux désignés pour faire partie de la malheureuse expédition de Saint-Domingue. Son courage ne se démentit pas un seul instant sur ces plages lointaines où avaient flotté pendant si longtemps, glorieux et respecté, le vieux drapeau de la France. Et lorsque la fortune abandonnant nos armes, le sort de l'armée d'expédition se trouva compromis, Lapoype, grâce aux sympathies que son nom mêlé à ceux des partisans de l'abolition de l'esclavage en France avait éveillé parmi les noirs, fut assez heureux pour faciliter au général en chef Leclerc la conclusion d'abord et puis la fidèle exécution d'une capitulation que l'irritation des noirs en général et le caractère en particulier de Dessalines et de Christophe auraient peut-être rendu impossible. Nous devons ajouter, comme un hommage aux vertus de Lapoype, un trait qui suffit à caractériser l'estime et le respect qu'il avait su inspirer. Le fameux chef des noirs, Toussaint Louverture, retenu prisonnier en France, ne voulut indiquer qu'au général Lapoype, malgré les sollicitations du premier consul, l'endroit où étaient cachés ses immenses trésors.

Embarqué pour retourner en France vers la fin de 1803, le général de Lapoype fut pris en sortant du Cap. Le bâtiment qu'il montait devint la proie des croiseurs anglais. Ces derniers dirigèrent leur prise vers Portsmouth où ils arrivèrent dans le mois de février de l'année suivante. Il obtint bientôt sa liberté, mais à la condition expresse qu'il ne reprendrait les armes qu'après le complet échange des prisonniers anglais et français. Cet échange ne fut entièrement effectué qu'en 1812.

Compris cette année là parmi les généraux destinés à commander les divisions de l'armée formidable que l'empereur Napoléon avait organisée contre la Russie, il fut, après la retraite de Moscou, en 1813, pourvu du commandement de la place de Wittemberg sur l'Elbe. Ce fut dans cette ville, que la main des hommes et la nature avaient oublié de fortifier, que le général de Lapoype immortalisa à tout jamais son nom par une de ces défenses héroïques dont les fastes militaires de l'antiquité ont seuls gardé le glorieux et retentissant souvenir. Surpris par un corps russe considérable, il dressa à la hâte des retranchements, faibles murs de terre derrière lesquels il arrêta et tint en échec l'ennemi. La résistance fut énergique, si énergique même, que les Russes, qui avaient compté s'emparer sans coup férir d'une place qu'aucuns travaux de défense ne protégeaient, levèrent précipitamment le blocus après avoir entendu le coup de canon de la bataille de Lutzen qui annonçait la victoire des Français.

De Lapoype ne resta pas longtemps tranquille dans la ville dont le nom se lie désormais si intimement au sien; il fut cerné de nouveau après la bataille de Leipsik. Sa résistance fut, cette seconde fois, non moins héroïque que la première. Mais que pouvait-il contre le nombre?... la ville néanmoins ne se rendit pas; elle fut prise d'assaut.

Les cent jours en ramenant sur le trône Napoléon réveillèrent dans le cœur du général de Lapoype les sentiments d'affection qu'il avait gardés au grand homme qui avait porté si loin et si haut le nom de la France. Son acte d'adhésion au nouvel ordre de choses ne se fit pas longtemps attendre. Il avait accepté le commandement de la place de

Lille, et lorsque aux cent jours succéda la seconde restauration, de Lapoype refusa de livrer les portes de la ville qu'il commandait. Le lieutenant-général de Bournonville, désespérant de vaincre sa résistance, lui envoya, au nom de Louis XVIII, un émissaire secret, et comme il fallait tromper la surveillance rigoureuse qui s'exerçait aux portes de la ville, ce fut une jeune fille d'une remarquable beauté qui fut choisie pour servir d'intermédiaire. L'entrée de cette jeune personne n'éveilla aucune défiance et elle put, à trois reprises différentes, heureusement arriver jusqu'auprès du général de Lapoype auquel elle remit chaque fois, de la part du général Bournonville, une dépêche contenant les instances nouvelles de ce dernier. Il parait même qu'on offrit à Lapoype une somme de 600,000 fr. et la dignité de maréchal de France en échange des clefs de la ville. Le général refusa tout, et ce ne fut qu'après que les événements eurent consommé la ruine de l'empire, qu'il remit la place au général Bourmont, désigné comme son successeur par le ministre de la guerre de Louis XVIII.

L'année qui vit la seconde restauration vit aussi la mise à la retraite du général de division marquis de Lapoype. Le nouveau gouvernement n'avait pas pu lui pardonner et ce qu'il appelait sa défection et le refus qu'il avait d'abord fait de remettre la ville de Lille aux commissaires de Sa Majesté.

De cette époque date la fin de la carrière militaire de l'homme dont nous venons d'essayer d'esquisser à grands traits la glorieuse biographie.

A partir de ce moment, le général de Lapoype disparaît de la scène politique où il avait su constamment tenir, avec tant d'indépendance et tant de dignité, une si grande place. Moderne Cincinnatus, il vit aujourd'hui au milieu du calme et de la paix des champs, fier de l'estime et de la considération universelle qui l'entourent, et heureux surtout de l'affection respectueuse dont tous ceux qui ont le bonheur de l'approcher lui prodiguent chaque jour les sincères et touchants témoignages.

Pourquoi, à propos du général de Lapoype, ne rappellerions-nous pas sommairement ici le nom de quelques hommes qui comme lui ont versé leur sang sur les champs de bataille de la république et de l'empire? Le général de Lapoype ne se rattache à Crémieu que par les bienfaits dont ses ancêtres ont comblé cette ville, tandis que le commandant baron Raverat, et les capitaines Genin et Parise ont vu les uns et les autres le jour dans cette cité, où ils comptent des parents et de nombreux amis. Nobles enfants du peuple, c'est à leur mérite et à leur bravoure seuls qu'ils doivent les grades et les insignes glorieux qui leur ont été accordés. Nous aurions vivement désiré pouvoir joindre à ces trois noms, celui de M. le capitaine Thimon, mais c'est en vain que nous avons sollicité de sa famille, ses états de service Bornons-nous donc à citer son nom.

Raverat est né à Crémieu en 1776 ; à quinze ans il servait déjà comme enrôlé volontaire à l'armée des Alpes. Les batailles nombreuses qui ont marqué les campagnes de 1796 et de 1797 l'ont vu aux premiers rangs de nos soldats, donnant, quoique bien jeune encore, l'exemple du courage et de la fidélité au drapeau.

Incorporé dans l'armée de Masséna il a fait, en 1799, sous les ordres de cet illustre chef qui mérita si justement d'être appelé *le fils chéri de la victoire*, la mémorable campagne de Zurich. L'année 1800 l'a vu, conduit par Moreau, combattre à Maëstricht et à Hohenlinden. Aux beaux jours de Ulm, d'Austerlitz et d'Iéna, Raverat put revendiquer légitimement sa part de ces trois grandes victoires.

Deux faits militaires doivent à tout jamais non seulement préserver de l'oubli, mais encore consacrer le nom de Raverat.

En 1807, le 7 mars, l'ennemi avait détruit tous les ponts entre la Vistule et le Niémen ; le maréchal Soult, qui commandait l'armée française, reçut de l'empereur l'ordre impératif de rétablir les communications interrompues et de reconstruire sans délai le pont sur la Passarge, afin de pouvoir attaquer l'armée russe campée sur la rive opposée. L'entreprise était difficile et pleine de périls : toutes les tentatives essayées pour obéir aux ordres de l'empereur étaient demeurées sans succès. La rivière était rapide et profonde, elle chariait, et tous les pontonniers qui avaient été désignés par le maréchal pour assurer le passage sur ce point, se noyaient ou tombaient sous le feu meurtrier de l'ennemi, en voulant placer les chevalets destinés à fixer les travées et le tablier du pont. Le maréchal désespéré allait ordonner de cesser les travaux, lorsque Raverat, qui était alors simple sous-lieutenant, demanda à parler au maréchal et lui proposa de se charger de l'entreprise. Il s'agissait de fixer les chevalets au moyen de deux cordes portées à la nage sur l'autre bord par des hommes de bonne volonté. Le maréchal approuva le projet du jeune sous-lieutenant, et ce dernier partit aussitôt à la tête d'une douzaine de grenadiers choisis par lui, pour exécuter sa périlleuse entreprise. Le succès le plus complet couronna ses généreux efforts; le pont fut établi et l'armée traversa la rivière et vint camper sur l'autre rive. Raverat et deux des grenadiers sur douze qu'il avait amenés avec lui, avaient échappé seuls à l'activité du courant de la rivière et aux balles de l'ennemi. Décoré pour ce beau fait d'armes de la main du maréchal Soult, Raverat reçut peu d'heures après, en présence de toute l'armée, de la bouche de l'empereur lui-même, les éloges que méritait la conduite courageuse et dévouée qu'il avait tenue dans cette circonstance si décisive pour le succès des opérations de l'armée.

Le 10 avril 1809, au combat de Tharm, blessé

d'une balle au bras, il enleva à la baïonnette une redoute défendue par une artillerie formidable. Les canons furent encloués et les batteries détruites, et le commandant de la redoute devint prisonnier de Raverat. — Il était dans la destinée de ce brave officier d'avoir constamment l'empereur pour témoin des hauts faits de sa carrière militaire. Napoléon le fit appeler, il le complimenta en présence des divisions assemblées, et le nomma baron de l'empire. On sait qu'une riche dotation, prise sur les revenus des terres conquises, accompagnait toujours la collation des titres que l'empereur accordait.

A la fin de la campagne, le baron Raverat, forcé par ses blessures à un salutaire repos, prit, quoique bien jeune encore, sa retraite. Il dut lui en coûter beaucoup d'être obligé de s'éloigner des champs de bataille qu'il avait arrosés de son sang et où l'attendaient tant et de si glorieux succès.

En 1813 et en 1814, l'empereur voulant utiliser les talents et les services de Raverat, le chargea de la défense de la partie nord-est du département de l'Isère.

En 1814, lors du retour de Napoléon de l'Ile d'Elbe, le baron Raverat accourut à sa rencontre à Grenoble, et lui offrit ses services. L'empereur les accepta et le nomma à l'instant même chef de bataillon. Incorporé dans le *bataillon sacré*, Raverat suivit Napoléon jusqu'à Paris, c'est de là qu'il fut peu de jours après renvoyé à Grenoble pour y organiser les bataillons de volontaires. La confiance de l'empereur ne pouvait être placée en des mains plus dignes et plus sûres. Raverat la justifia complètement.

Il était sur la frontière, à la tête d'un corps de gardes nationaux mobilisés, lorsque la bataille de Waterloo fut livrée; c'est de là qu'il entendit le dernier coup de canon qui annonçait, à l'Europe épouvantée, la ruine de l'empire et la chute de l'empereur. Sa conduite, à cette époque, fut digne des plus grands éloges : citons en comme preuve le texte si honorable et si flatteur pour lui de la délibération prise par le conseil municipal de la ville de la Tour-du-Pin, le 25 février 1815.

« Parmi les actes de dévouement qui ont si-
« gnalé tous les citoyens, vous avez particulièrement
« remarqué celui dont M. le baron de Raverat a
« offert le modèle : ce brave militaire que ses
« connaissances dans l'art de la guerre et la con-
« fiance publique, avaient appelé à la tête de ses
« compatriotes pour défendre la rive gauche du
« Rhône des incursions de l'ennemi posté sur la
« rive opposée, et qui par son courage et son ac-
« tivité avait empêché le passage de ce fleuve, ne
« fut pas plus tôt informé de l'entrée de l'ennemi
« dans cette cité, et appelé par notre sous-préfet
« à notre défense, que n'écoutant d'autre intérêt
« que le nôtre, d'autre langage que celui du de-

« voir et de la gloire, il accourut de suite avec
« une partie des forces qu'il commandait, aux-
« quelles se réunirent les gardes nationales de di-
« vers cantons et les habitants de cette ville. C'est
« parmi nous, Messieurs, c'est sous nos yeux que
« M. le baron de Raverat a organisé une force
« armée avec laquelle il a contenu l'ennemi et l'a
« chassé du Pont-de-Beauvoisin; c'est donc princi-
« palement à lui que nous devons l'inappréciable
« avantage d'avoir été garantis de l'invasion dont
« nous étions menacés.

« J'aime à croire, Messieurs, que vous n'ou-
« blierez jamais les services qu'il nous a rendus :
« les remercîments que vous lui fîtes, dans la
« réunion qui précéda son retour dans ses foyers,
« m'en sont de sûrs garants. Je ne retracerai
« point à votre pensée les expressions que vous
« dicta alors la reconnaissance : je craindrais de
« les affaiblir. Mais comme la parole est trop fu-
« gitive pour perpétuer le souvenir de vos senti-

« ments, je propose de les consigner dans le re-
« gistre de vos délibérations, où par un acte so-
« lennel, vous voterez des remercîments à M. le
« baron de Raverat, et de charger M. le maire de
« lui en transmettre un extrait.

« Le conseil, considérant que l'exposé qui vient
« de lui être fait contient la vérité et l'expression
« de ses sentiments,

« Arrête, à l'unanimité, qu'il vote des remer-
« cîments à M. le baron de Raverat, et charge
« M. le maire de lui transmettre copie de la pré-
« sente délibération. »

Benoit Genin et Jacques Parise ont l'un et l'autre, comme Raverat leur compatriote et leur compagnon d'armes, largement et noblement payé leur dette à la France. Vétérans de nos anciennes armées, ils jouissent en paix aujourd'hui des loisirs qu'ils ont achetés au prix de tant de fatigues et tant de périls courageusement bravés. L'estime et la considération publiques n'ont pas séparé à Crémieu où ils vivent, au milieu de leurs parents et de leurs nombreux amis, ces braves officiers capitaines d'infanterie et chevaliers de la Légion-d'Honneur tous les deux. Plus heureux que Parise, Genin dont les bons et loyaux services se sont prolongés jusqu'au 27 septembre 1850, a pu joindre, à l'étoile de la Légion-d'Honneur, la croix de Saint-Louis, cette noble décoration que l'armée regrettera toujours, parce que seule autrefois elle récompensait exclusivement les services militaires.

L'hôpital de Crémieu nous amène logiquement et sans effort à parler de la *maladrerie* qui existait autrefois dans cette ville et de la peste horrible qui décima d'une manière si désastreuse sa population dans le siècle dernier.

La date précise de l'établissement d'une *maladrerie* à Crémieu est ignorée. On doit supposer cependant, bien qu'aucun titre authentique ne l'atteste, qu'elle fut créée dans cette ville à l'époque des croisades. Dans ces temps de foi ardente et naïve, Crémieu, placé sur la grande route qui reliant la France à l'Italie, devint le lieu de passage des croisés et des pèlerins de toute sorte qui allaient, les uns combattre les infidèles et délivrer les lieux saints, les autres accomplir un vœu pieux au tombeau du Christ. Les fatigues d'une longue route, la maladie ou les épidémies meurtrières qui de temps à autre désolaient diverses contrées de l'Europe, forçaient souvent les croisés et les pèlerins à s'arrêter, épuisés ou malades, dans les lieux habités, alors bien moins multipliés qu'aujourd'hui, qui se trouvaient sur les bords de la longue route qu'ils parcouraient.

Crémieu dont l'importance comme ville forte et comme ville commerciale était assez grande, devait tout naturellement servir de halte et de lieu d'étape. De là la conséquence de la création d'une maladrerie dans cette cité. Ainsi s'explique et se motive la fondation d'un établissement qui ne servait pas seulement aux malades, ainsi que semble l'indiquer son nom caractéristique de *maladrerie*, mais qui, *caravansérail* ouvert à tous les voyageurs croisés, pèlerins ou autres qui traversaient Crémieu, offrait, aux uns les soins empressés réservés aux malades, aux autres un lieu de repos sûr et commode.

La maladrerie proprement dite, car nous devons avertir que cet établissement conçu et créé dans un double but d'humanité, se divisait en deux, était située dans l'intérieur même de la ville, au centre de la rue St-Antoine, non loin du Marché Vieux. Le bâtiment, sans être très-considérable, était néanmoins suffisant et convenable pour l'époque. Il se composait de trois grandes pièces ainsi divisées : une cuisine vaste et disposée avec une certaine intelligence, une salle de même dimension où couchaient les malades, enfin une troisième salle pourvue de deux grandes cheminées sous le vaste manteau desquelles flambait en hiver un feu actif et bien nourri, et où ces derniers se réunissaient pendant le jour pour deviser entre eux et prendre leurs repas en commun. Aujourd'hui, où le goût du luxe et les habitudes de bien-être, les Anglais diraient de *comfort*, sont si universellement répandus et en général si bien appréciés et si bien compris, nous sourions et nous haussons les épaules de pitié en comparant les modestes édifices consacrés par nos pères au soulagement des malheureux aux monuments somptueux élevés, de nos jours, par les dons généreux de la charité publique à l'humanité pauvre et souffrante.

L'autre partie de la *maladrerie*, celle qui était exclusivement réservée à ceux que la fatigue seule arrêtait à Crémieu, était placée en dehors de l'enceinte de cette ville, sur les bords même du chemin, en face du point où se bifurquent aujourd'hui les deux routes qui conduisent de Crémieu à Lyon et de Crémieu à Vienne. Les bâtiments de cette partie de la maladrerie étaient bien moins considérables que ceux qui étaient affectés à la portion de la maladrerie destinée aux malades. C'était une vaste pièce où se reposaient en commun les pélerins attendant le lever de l'aurore pour se remettre en route. Une petite chapelle était attenante à ce bâtiment. Le moine chargé de veiller sur les pélerins arrêtés dans cette partie de la maladrerie y offrait chaque jour le saint sacrifice de la Messe, pour obtenir la protection du ciel en faveur de ces derniers. Les fureurs révolutionnaires ont détruit cette chapelle consacrée doublement par le temps et par un pieux souvenir. Sa fondation remontait aux premières croisades, et elle était désignée sous le nom de chapelle de *la vraie Croix*. Une tradition pieusement conservée et transmise sans interruption jusqu'à nos jours, constate en effet qu'un chevalier croisé dont le nom est demeuré inconnu, avait, à son retour de la Terre Sainte, fait don à cette chapelle d'un morceau de bois de la vraie croix, relique précieuse sauvée de la profanation à l'époque de la révolution par un officier municipal nommé Gros, qui en fit don à sa fille religieuse du couvent de sainte Ursule de Crémieu.

Aux caravanes de croisés et de pélerins avaient succédé les caravanes de marchands et les transports nombreux de riches marchandises. La partie de la maladrerie affectée aux malades subsistait toujours; mais l'autre partie, le caravansérail, ne pouvait plus suffire aux exigences nouvelles. Ce fut alors qu'on construisit la halle qui occupe de nos jours encore le centre de la place principale de Crémieu. Cette halle vaste et divisée dans le sens de sa longueur, en trois compartiments égaux, est protégée par un toit soutenu à ses deux extrémités par un mur élevé et porté de distance en distance, sur les côtés et à son centre, sur des piliers de bois grossièrement équarris.

Cette disposition permet au jour et à l'air de pénétrer et de circuler librement dans les parties les plus obscures et les plus reculées de la halle. L'originalité de cette construction, souvenir lointain des bazars couverts des anciennes villes mauresques, a de tout temps arrêté et fixé les regards des archéologues et des artistes. Rien n'est plus curieux à voir en effet que cette halle aux grandes ouvertures ogivales, gardant encore dans le bois des piliers qui soutiennent sa lourde et solide toiture, les anneaux de fer qui servaient à attacher les bêtes de somme destinées au transport des marchandises qu'exportaient avec elles les grandes caravanes qui de France allaient en Italie et d'Italie venaient en France. Il semble encore, en se promenant sous les sombres voûtes de cet ancien bazar, voir, tant est grand le prestige qui environne ce lieu, ces marchands aux costumes bizarres et au langage varié, appelant autour des marchandises de toute sorte qu'ils ont apportées avec eux

des pays lointains, les curieux et les acheteurs que leur arrivée a attirés de tous les points de la ville.

Cette halle, il faut se hâter de le faire observer, servait aussi de lieu d'entrepôt au commerce des grains dont Crémieu était, à cette époque reculée, le centre. Grenier d'approvisionnement et d'abondance, cette ville voyait toutes les contrées voisines venir puiser chez elle le blé nécessaire à la nourriture de leur population. Lyon et la Bresse versaient en grande partie dans ce lieu les immenses récoltes de grains que produisaient chaque année leurs plaines ; non seulement les contrées qui avoisinaient Crémieu mais la partie même du Bugey qui joint au nord le Dauphiné, n'allaient point ailleurs chercher cette nourriture première si nécessaire à l'homme. Crémieu était donc tout à la fois ville d'entrepôt, centre d'approvisionnement et marché régulateur du prix des grains pour tout le pays qui, dans un rayon de près de vingt lieues, s'étendait autour de son enceinte. Les grandes mesures en pierre de taille qui occupent encore l'une des extrémités de la halle témoignent de l'extension qu'avait pris dans cette ville le commerce des grains.

A l'un des angles extérieurs de cette halle, en face de la porte principale de l'ancienne église paroissiale de St-Jean, tout près d'une maison dont la façade aux larges fenêtres séparées par les quatre branches de la croix, a conservé la fine et délicate empreinte de l'art architectural de la renaissance, se dresse un arbre dont les branches rares et languissantes et le feuillage étiolé annoncent la vétusté. Cet arbre rappelle le souvenir de Sully : on sait que ce grand homme, qui fut le premier ministre et l'ami du roi Henri IV, avait ordonné la plantation, devant la porte d'entrée de chaque église paroissiale du royaume, d'un arbre pareil afin qu'avant leur entrée et à leur sortie de l'église, où les appelait la célébration des saints offices, les fidèles pussent trouver, à l'ombre épaisse de ses feuilles, un abri contre les ardeurs dévorantes du soleil.

Jamais dans aucun temps l'hôpital n'a été appelé à rendre autant et de si signalés services à la population pauvre de Crémieu, qu'aux deux époques désastreuses où la peste ravageait cette ville si malheureuse et si désolée.

En 1631, le fléau dévastateur envahit Crémieu et y sévit avec une fureur et une persistance qui coûtèrent la vie à plus de 800 personnes, depuis le 29 juin jusqu'au mois de novembre. Chacun connaît les terribles épisodes de la peste dite *peste de Marseille*; elle fournit, en 1720, au vénérable de Belsunce, alors évêque de Marseille, une admirable occasion de montrer au monde émerveillé, tout ce que le cœur aimant et dévoué d'un digne ministre de notre sainte religion renferme d'amour, de charité et de dévouement évangéliques pour ceux que la religion a confiés à sa garde tutélaire.

A l'apparition du fléau sur les côtes de Provence, à Marseille, les ordres les plus sévères furent donnés afin que la contagion, concentrée sur un seul point, ne pût pas exercer son influence meurtrière au dehors. Des mesures de précaution, dictées par une sage prudence, avaient été prises par les consuls de Crémieu afin de mettre cette cité à l'abri des cruelles atteintes du fléau; mais il était écrit au ciel que cette ville subirait à son tour les terribles attaques de cette épouvantable maladie qui fond sur les populations avec la vitesse et la furie de l'ouragan. Toutes les précautions furent inutiles; ce fut en vain que les sentinelles placées aux portes et aux pieds des remparts de Crémieu veillèrent attentives et dévouées au salut commun, l'amour conjugal surmonta tous les obstacles. Une femme, l'épouse d'un nommé Godard, que les affaires de son négoce avaient appelé à la foire de Beaucaire d'où il était revenu depuis quelques jours, attendant que la consigne rigoureuse qui le retenait en dehors des portes de la ville fût levée, parvint à tromper la surveillance des consuls et des sentinelles. Elle n'avait pas revu son mari depuis longtemps, et la malheureuse qui ignorait comme il l'ignorait sans doute lui-même, que ce dernier portait en lui le germe funeste de la terrible maladie, mit tout en œuvre pour arriver auprès de lui. Pourquoi le succès vint-il si complètement en aide à ses efforts?.... Crémieu n'aurait pas eu à déplorer la mort d'un si grand nombre de ses enfants. Cette femme avait remarqué en parcourant pendant le jour le chemin de ronde qui couronnait encore à cette époque les remparts de Crémieu, qu'il existait dans la partie de ces mêmes remparts qui ceignent la ville haute, aux abords de l'ancien château delphinal, un lieu solitaire et escarpé ou la surveillance s'exerçait avec moins de sollicitude et moins de rigueur qu'ailleurs. Cette découverte lui suggéra les moyens à prendre pour revoir, sans craindre d'être surprise, le mari dont l'éloignement prolongé la tourmentait si fort. Elle descendit, profitant des ombres protectrices d'une nuit obscure, le long d'une échelle de corde qu'elle avait fixée au sommet du rempart, jusqu'à terre sans avoir été aperçue de personne. Son mari, qu'elle avait eu soin de prévenir au moyen d'un avis secret, l'attendait au pied du rempart. Elle renouvela une seconde fois, avec le même succès, son audacieuse tentative; mais à peine fut-elle remontée et eut-elle gagné son logis, qu'elle se sentit atteinte du terrible fléau dont elle allait bientôt périr victime de son amour pour son mari. Ce dernier lui avait, sans s'en douter, communiqué le mal contagieux dont il portait en lui le germe. Ce fut ainsi que la peste pénétra dans Crémieu. Deux jours suffirent à l'épidémie pour se propager et se répandre jusque dans les quartiers les plus éloignés de la ville : les familles riches s'enfuirent épouvantées, et bientôt, la désertion et la contagion aidant, il ne resta plus dans cette malheureuse cité que 3,000 habitants sur 7,000 qu'elle comptait avant l'invasion du fléau.

Le clergé et les ordres religieux, notamment les Augustins et les Capucins, donnèrent, dans ces terribles circonstances, d'admirables preuves d'héroïque dévouement évangélique. Martyrs d'une religion de charité et d'amour, ils prodiguèrent, avec une persévérance et un courage que la violence du fléau loin d'abattre ne fit qu'augmenter encore, les soins et les secours de leur saint ministère aux malheureux pestiférés. Presque tous périrent victimes de leur charité et de leur zèle.

Déjà moins de trente années auparavant la ville de Crémieu avait été visitée par un fléau pour le moins aussi horrible que la peste, la famine. En 1694, les récoltes avaient complètement manqué dans toute cette partie du Dauphiné qui touche à Crémieu, et pour surcroit d'infortune le passage et le logement des gens de guerre joints à l'augmentation des impôts étaient venus coup sur coup aggraver encore une situation qui se convertit bientôt pour ces contrées en calamité publique. Ce fut à cette époque que l'on vit des populations entières abandonner leurs villages pour venir réclamer les secours d'une impuissante charité.

La ville de Crémieu qui elle aussi souffrait des horreurs de la famine, dut, dans l'intérêt de ses habitants, repousser de ses murs ces bandes affamées qui chaque jour se présentaient plus nombreuses et plus menaçantes devant ses portes. Ces malheureux, errant ainsi sans pain et sans asile, réduits, chose affreuse à raconter, à brouter l'herbe des champs, mouraient de faim et tombaient par centaines sur les routes et dans les champs que leurs bras avaient essayé en vain de fertiliser.

L'hôpital de Crémieu n'a pas toujours été aussi

vaste et aussi bien disposé qu'il l'est aujourd'hui; son existence remonte à plusieurs siècles. Il y a lieu de supposer qu'il a succédé directement à la maladrerie. Comme cette dernière, il était placé dans la rue St-Antoine, en face de la chapelle de ce nom. Peut-être même pourrait-on, sans trop d'invraisemblance, lui assigner pour emplacement celui même de l'ancienne maladrerie.

Cet établissement a eu ses jours de fortune et ses jours de détresse. Prospère, important même dans le seizième siècle, car plusieurs communes environnantes avaient le droit d'y placer des malades en échange des dons nombreux en nature et en argent qu'elles lui faisaient annuellement, cet hôpital perdit tout à coup, dans les commencements du dix-septième siècle, après la peste qui avait décimé d'une manière si affreuse la population de Crémieu, non seulement son importance mais encore la presque totalité des revenus qui assuraient son existence. C'est à partir de cette dernière époque, que l'hôpital de Crémieu n'a plus reçu gratuitement que les malades pauvres nés et domiciliés dans cette ville. Il serait bien essentiel, et chacun doit le désirer ardemment, que cet établissement que des sympathies si vives et si méritées entourent, pût également prodiguer ses secours et ses soins non seulement aux malades pauvres de la ville, mais encore à tous ceux des communes qui composent le canton de Crémieu. Pourquoi ne ferait-on pas un appel public aux sentiments généreux des principaux habitants des communes de ce canton?... En est-il un, un seul, qui refusât de verser son obole dans la sébille de l'infirme et du malheureux... On obtiendrait ainsi facilement, sans nul doute, des secours nombreux qui, capitalisés et convertis en rentes, permettraient à l'administration de l'hôpital de Crémieu de recevoir et de faire soigner les malades pauvres des communes de ce canton.

Il y avait autrefois, attenant au bâtiment de cet

hôpital, qui se composait d'une maison et d'un jardin, une vaste salle et une galerie affectées non pas seulement à l'usage exclusif des malades, mais encore à celui des pauvres, malades ou bien portants de la ville de Crémieu. La salle, solidement voûtée, était pourvue, à ses deux extrémités, de deux cheminées profondes et élevées où l'on tenait allumé, pendant les froids de l'hiver, un grand feu autour duquel venaient prendre place les pauvres que la saison rigoureuse et la misère chassaient de leurs demeures. C'était dans ce chauffoir public qu'ils s'occupaient, les uns, les hommes, à carder la laine; les autres, les femmes, à préparer et à filer le chanvre employé dans la fabrication des toiles, alors l'industrie principale et la principale richesse de Crémieu. La galerie répondait aux mêmes besoins et réunissait en été les pauvres qui, comme ils le pratiquaient en hiver, dans le chauffoir public, s'occupaient en commun, trouvant ainsi, dans le travail de leurs mains, des moyens d'existence pour eux et leurs familles.

On doit sincèrement regretter que l'administration du nouvel hôpital n'ait pas pu conserver cette annexe si précieuse et si éminemment utile. Espérons qu'un jour viendra où, grâce à l'intelligence et à la sévère économie qui président à sa gestion, elle pourra rétablir dans cet hôpital sinon la galerie dont la suppression a pu être faite sans de graves inconvénients, du moins le chauffoir public. Combien de malheureux, de femmes surtout, que les froids d'un hiver souvent long et rigoureux à Crémieu, retiennent inoccupés et quelquefois même malades autour de leur foyer tristement refroidi, et qui travailleraient avec ardeur et avec profit pour leurs familles, s'ils avaient, comme autrefois, la ressource qui leur était si libéralement offerte de venir, sous les chaudes voûtes d'un vaste appartement, réchauffer devant les lueurs bienfaisantes d'un bon feu leurs membres engourdis par les atteintes du froid.

Le nouvel hôpital, qui n'est du reste que la continuation de l'ancien, a transporté, depuis 1820, le siège de son établissement dans la partie des bâtiments de l'ancien couvent des Dames de la Visitation, adossée au mur du rempart qui ceint la ville sur ce point (1). Cette partie, évidemment la partie principale de l'ancien couvent, renferme de nombreux appartements disposés avec goût et intelligence, et où pourraient tenir à l'aise vingt et même vingt-cinq lits, au lieu de douze que l'hôpital ne parvient à entretenir qu'à force d'ordre et d'économie, s'il avait assez de revenus pour satisfaire aux exigences d'un

(1) Depuis une année, l'autre partie a été acquise par les religieuses de la *Retraite Saint-Régis*. On sait que les Dames de ce nouvel institut ont pour loi spéciale de recevoir chez elles et d'aider, conformément aux règles de leur institut, les personnes de leur sexe et de toute condition qui veulent consacrer quelques jours au soin exclusif de leur salut dans l'exercice d'une retraite commune ou particulière.

pareil accroissement. C'est à l'extrémité des corridors qui distribuent les appartements au rez-de-chaussée et au premier étage, qu'apparaît le bel escalier, jadis l'ornement principal de ce vaste et riche monastère. Cet escalier, conçu dans le goût architectural et tout à fait monumental si fastueusement inauguré à Versailles par le grand roi, se compose de deux larges paliers où conduisent des marches taillées dans d'énormes blocs de pierre. Un rang de balustres à la forme élégante, quoiqu'un peu massive et au travail délicatement ouvragé, supportant des pierres de taille posées à plat en forme d'entablement ou de corniche, court, à partir de la première marche jusqu'à la dernière, le long des rebords extérieurs de cet escalier.

Cette part faite à l'établissement, gardons-nous d'oublier le nom de l'administrateur à la gestion habile et consciencieuse duquel l'hôpital de Crémieu doit l'ère de prospérité dans laquelle il est entré depuis quelques années. M. Victor Pasquet, il faut bien le nommer, au risque de blesser sa modestie, est un de ces hommes comme on en rencontre si peu de nos jours. Plein d'intelligence et de cœur, dévoué à ses semblables et aux intérêts de son pays, nul mieux que lui n'était apte à diriger un pareil établissement. L'occasion que nous ne laisserons certes pas échapper, se présentera bientôt d'apprécier M. Pasquet comme maire de la ville de Crémieu. Contentons-nous maintenant de payer à l'administrateur de l'hôpital un juste tribut de reconnaissance et d'éloges.

Ce fut en 1820, ainsi que nous venons de le raconter, que l'hôpital fut transféré dans le local qu'il occupe aujourd'hui. M. Victor Pasquet ne resta pas étranger à l'achat que la ville fit de ce local à cette époque. C'était lui qui, alors à la tête de l'administration de Crémieu, avait obtenu du gouvernement à force d'insistance, de démarches et de soins, le paiement intégral en argent des réquisitions de guerre fournies par cette ville en 1814 et en 1815, et ce fut grâce à cet argent que cette ville put acquérir ce nouveau local.

D'autres personnes ont également concouru à l'accroissement et à la prospérité de cet hôpital. Ne pas rappeler leurs noms au souvenir reconnaissant du pays serait, de notre part surtout,— car nous avons eu le bonheur de les connaître et nous nous honorons encore de l'affection de l'une d'elles, — un acte d'ingratitude insigne. Nommons donc avec empressement MM. Alricy et Reverdy, ainsi que MM. les docteurs Labonnardière père et fils.

Joseph Alricy se recommande non seulement comme bienfaiteur de l'hôpital où sa longue et habile gestion comme administrateur a laissé de si vifs et de si honorables souvenirs, mais encore comme homme politique, comme jurisconsulte, comme littérateur et archéologue distingué. Homme politique, il a siégé au corps législatif en qualité de député du département de l'Isère. Dans cette assemblée qui comptait dans son sein tant d'hommes éminents, Alricy se fit remarquer par son savoir, la rare et merveilleuse entente des affaires, et surtout par sa modération et la sagesse de ses opinions. A cette époque, comme à toutes les époques de sa vie, il sut allier les idées de progrès et de liberté avec les idées d'ordre et de conservation qui furent toujours les siennes.

Doué d'un jugement sain et droit, jurisconsulte versé dans la connaissance des lois qui régissent notre droit civil, il faisait preuve, dans l'appréciation des affaires qui étaient portées devant sa juridiction, d'un tact et d'un esprit de conciliation et d'équité qui en ont fait, pendant les trente années qu'il a exercé dans le canton de Crémieu les modestes mais si honorables et si éminemment utiles fonctions de juge-de-paix, un objet de vénération pour ses nombreux justiciables. — Rarement les décisions rendues par lui étaient frappées d'appel. La confiance que le pays avait en ses lumières, en son expérience et en sa justice était générale et entière. Nul mieux que nous ne sait combien elle était méritée.

Littérateur et savant archéologue tout à la fois, il avait réuni et mis en ordre des documents précieux pour l'histoire monumentale de la ville de Crémieu. Pourquoi la mort ne lui a-t-elle pas permis de donner la vie de l'histoire à tant de recherches laborieuses?...

Quant à M. Reverdy, il fut, dans l'acception la plus large et la plus complète du mot, un homme de bien. Le legs généreux qu'il a fait en mourant aux deux hospices de Crémieu prouve combien son cœur aimant et charitable savait compatir à la misère et aux souffrances de ses compatriotes malheureux.

Nommer le docteur Joseph Labonnardière, c'est parler de l'un des hommes qui ont le plus honoré le corps médical par leurs lumières et leur généreux dévouement à la classe si intéressante des malades que la pauvreté laisse trop souvent, dans nos campagnes surtout, privés des secours précieux et efficaces de l'art. Les deux hospices de Crémieu, les malades pauvres de la contrée pourraient au besoin attester la vérité de ce dernier fait qui restera dans la vie si dignement remplie du docteur Joseph Labonnardière, comme l'un des titres les plus glorieux dont puisse et doive se parer sa mémoire. N'est-ce pas, en effet, remplir noblement tous ses devoirs d'homme et de médecin que de mettre ainsi gratuitement et avec autant d'empressement que le faisait le docteur Joseph Labonnardière, son temps, ses soins et son savoir au service des malheureux ¿

Médecin pendant cinquante-cinq ans, il avait acquis par cette longue et laborieuse pratique d'un art si difficile et si éminemment utile à l'humanité souffrante, une expérience et une habileté qui avaient fait de lui l'oracle toujours religieusement écouté de la médecine dans ces contrées. Sa réputation s'étendait au loin, et plus d'une fois les médecins que la célébrité de nos grandes cités entourait, sont venus réclamer les secours de son expérience. Il n'eût tenu qu'à lui d'aller exercer sur une scène plus élevée et plus digne de lui un art qui avait livré à ses investigations laborieuses tous ses secrets. Tout l'y conviait et tout lui présageait le succès le plus éclatant; mais simple dans ses goûts, dévoué à cette population de Crémieu qui le vénérait et l'aimait à l'égal d'un sauveur, il refusa toujours de s'éloigner d'un pays où il comptait tant d'amis reconnaissants et dévoués.

Les mémoires que le docteur Joseph Labonnardière a publiés de son vivant dans les journaux de médecine, mémoires où le savoir et l'observation abondent, sont nombreux. Ils lui avaient valu le titre honorable et justement ambitionné de membre correspondant de l'Académie royale de médecine de Paris. D'autres mémoires tout aussi importants et tout aussi précieux n'ont pas été livrés à la publicité. On doit vivement insister auprès de son fils, M. le docteur Jérôme Labonnardière, pour qu'il se décide à les faire imprimer. L'intérêt de la science lui en fait un impérieux devoir, et le pays lui tiendra compte de cet hommage de piété filiale ainsi publiquement rendu à la mémoire vénérée de son père. Médecin distingué lui-même, qui mieux que lui peut nous faire connaître et apprécier les savants travaux de l'homme dont il porte si noblement le nom?... M. le docteur Jérôme Labonnardière n'a pas seulement, comme son père, rendu des services à l'art médical : la ville de Crémieu dont il a présidé les conseils, en qualité de maire, garde le reconnaissant souvenir de son administration à la fois si ferme, si digne et si intelligente, et le conseil général du département de l'Isère où il a siégé, comme représentant du canton de Crémieu, pendant neuf ans, et où il n'aurait tenu qu'à lui, s'il l'eût voulu, de siéger bien plus longtemps encore, tant est grande la considération méritée qui l'entoure et la confiance qu'inspirent son expérience et ses lumières, l'a vu, avec un vif sentiment de regret, s'éloigner de son sein et cesser de prendre part à ses travaux.

A ces noms consacrés par la reconnaissance et le souvenir populaires, ajoutons avec empressement celui de M. Masclet. Lui aussi a prodigué et prodigue tous les jours encore son temps et ses soins à l'administration gratuite des hospices de Crémieu. Vieillard érudit et aimable, nul ne connaît mieux que lui l'histoire de notre ancienne province dauphinoise. Serait-ce trop exiger que de l'engager à recueillir et à mettre en ordre les souvenirs historiques qu'il raconte avec tant d'originalité et tant de charme?...

Soigner le corps, procurer enfin aux vieillards pauvres et infirmes les bienfaits de l'hôpital est chose excellente et bien digne sans doute d'exciter la sollicitude et l'intérêt de tous les hommes de cœur; mais à côté de cette population souffrante que la mort décime chaque jour, il y a cette autre population devant laquelle les portes de la vie viennent à peine de s'ouvrir, population d'enfants qui deviendront hommes à leur tour et dont on ne saurait de trop bonne heure s'appliquer à former le cœur et à développer l'intelligence. C'est cette dernière tâche qu'ont généreusement acceptée, et plus généreusement encore accomplie à Crémieu quatre hommes également honorables et charitables, dont nous avons hâte de reproduire ici les noms.

Le premier de ces hommes est M. l'abbé Barbier, prêtre vénérable dont l'église de Crémieu déplore la perte encore récente. C'est à lui, c'est à son dévouement et à son zèle évangéliques que la ville qui a eu le bonheur de l'avoir pendant si longtemps pour premier pasteur, doit l'initiative et la première pensée de l'établissement des Frères de la doctrine chrétienne.

Les ressources de ce digne ministre du Seigneur n'étaient malheureusement pas aussi grandes que sa charité; il dut donc, pour amener à heureuse fin la bonne œuvre qu'il avait entreprise, s'adjoindre des auxiliaires et des appuis. Les noms de MM. le marquis Octavien de Quinsonas, Eugène et Victor de Verna, s'offraient tout naturellement à lui. Il les connaissait, il savait combien leur cœur était compatissant et dévoué. Il s'adressa donc à eux, assuré qu'il était d'avance d'obtenir le concours le plus utile et le plus actif. Ses prévisions ne furent point trompées : M. le marquis de Quinsonas et MM. Eugène et Victor de Verna répondirent à son appel avec l'empressement le plus digne d'éloges. Pourquoi n'avons-nous pas obtenu les renseignements que nous avons vainement demandés soit aux neveux de M. le marquis de Quinsonas, soit aux enfants de M. Victor de Verna? nous aurions été bien heureux de pouvoir faire lire dans la vie de ces hommes qui furent non seulement des hommes de bien, mais encore l'un, le marquis de Quinsonas, un militaire plein de courage et de distinction; et l'autre, M. Victor de Verna, un homme public d'une rare intelligence et d'une grande habileté. La ville de Lyon, que ce dernier a longtemps administrée en qualité de premier adjoint, n'a pas encore perdu le souvenir de la direction si ferme et si droite qu'il avait su donner aux affaires de cette grande et opulente cité.

Grâce au concours de MM. de Quinsonas et de Verna, l'établissement des Frères de la doctrine chrétienne fut fondé à Crémieu, et les intentions pieuses de M. l'abbé Barbier se trouvèrent réalisées. Bien des choses cependant manquaient à cet établissement, appelé à rendre des services si précieux et si nécessaires. Les besoins étaient grands, la population nombreuse, et la somme de quinze cents francs, primitivement affectée à l'entretien de trois frères, n'était rien moins que suffisante. De nouveaux sacrifices étaient donc indispensables, et il fallait faire un nouvel appel à la charité des fondateurs de l'établissement. Mais messieurs de Verna étaient morts, et avec eux s'était éteinte la part contributive de 300 fr. qu'ils fournissaient au soutien de cette bonne œuvre. M. le marquis de Quinsonas prit alors à sa charge non seulement les frais d'entretien de l'établissement, mais encore le surcroît de dépense nécessité par l'extension qu'il s'agissait de lui donner. Sa générosité permit d'adjoindre un frère de plus aux trois frères qu'il y avait déjà. Il fit plus encore : il acheta de ses deniers, afin de pouvoir les loger convenablement et commodément tout à la fois, l'ancien couvent des Capucins, ainsi que le vaste jardin qui en dépendait. Acheter ne suffisait pas, il fallait approprier à sa nouvelle destination cette ancienne demeure conventuelle. M. le marquis de Quinsonas ne recula pas devant les nouveaux sacrifices imposés par la force des choses à son généreux dévouement aux intérêts de la ville de Crémieu. Aujourd'hui les Frères de la doctrine chrétienne sont installés dans le nouveau local que M. le marquis de Quinsonas leur a assuré, et le nombre des enfants de la ville et de toutes les communes voisines qui fréquentent leur école s'est accru dans des proportions telles, qu'il dépasse déjà le chiffre de deux cents élèves. Ce n'est point escompter trop légèrement l'avenir que de dire que ce chiffre déjà bien grand cependant, sera encore dépassé, tant sont réels et bien compris aujourd'hui l'importance et les bienfaits de l'instruction primaire.

M. le marquis de Quinsonas, c'est le plus bel éloge que nous puissions lui adresser, a mieux qu'un autre ce que nous appellerons l'*intelligence* de la charité. Ce n'était pas assez de pourvoir aux besoins intellectuels des garçons pauvres de Crémieu, il fallait aussi songer à l'instruction des jeunes filles pauvres de la ville. Par ses soins, ces dernières jouissent aussi des bienfaits de l'éducation gratuite. Une somme annuelle de 600 fr. est affectée par lui à cet objet. Deux religieuses ursulines se consacrent exclusivement à ce soin pieux.

Bornons-nous, puisque c'est sans succès que nous avons sollicité de l'obligeance des personnes de la famille de M. le marquis Octavien de Quinsonas, des renseignements sur la vie si dignement employée de ce dernier, à faire connaître quelques-uns des faits principaux qui ont marqué la carrière politique et militaire de son frère, M. le comte Emmanuel de Quinsonas.

Ce sera le moyen peut-être d'acquitter sinon en entier du moins en partie la dette de reconnaissance que la ville de Crémieu a contractée envers M. le marquis de Quinsonas :

M. le comte Emmanuel de Quinsonas est né à

Grenoble dans le mois de novembre de l'année
1775. Au moment de la révolution française, il
*faisait ses caravanes* (1) à Malte. Son nom le dési-
gnait naturellement aux proscriptions de cette terrible époque ; il dut donc rester hors de la France,
ce qui le fit porter sur la liste des émigrés.

L'empereur de Russie, dans les états duquel il
s'était réfugié, lui offrit du service dans son armée. Les offres de ce prince étaient conçues dans
des termes trop honorables et trop flatteurs pour
que le comte de Quinsonas ne les acceptât pas
avec reconnaissance. L'empereur n'eut plus tard
qu'à se louer d'avoir attaché à son armée un officier aussi brave et aussi distingué.

Le comte de Quinsonas prit une part active et
souvent glorieuse aux guerres que la puissance
au service de laquelle il avait mis son épée, avait

(1) Faire ses caravanes à Malte était l'expression technique employée pour indiquer qu'un chevalier de Malte faisait
ses premières armes sur les galères de l'Ordre.

entreprises contre les Turcs et les Suédois. Colonel d'un régiment de dragons, il fut blessé grièvement à l'attaque d'Ismaïl. La conduite qu'il tint dans cette circonstance lui valut des preuves éclatantes de la satisfaction de l'empereur. Il reçut la croix de Saint-Georges et fut en même temps pourvu du brevet de major-général.

En 1811 il rentra en France; mais ce fut en 1814, au retour des Bourbons seulement, qu'il prit du service dans l'armée française. Il y entra comme maréchal-de-camp, et fut en cette qualité appelé successivement à commander plusieurs départements.

Lors de la guerre d'Espagne, en 1823, il obtint le commandement d'une brigade et concourut aux succès qui marquèrent cette campagne. La bravoure et l'intelligence dont il y fit preuve, et notamment au siége de Pampelune, le rendirent l'objet d'une distinction justement méritée. Nommé tout à la fois commandeur de l'ordre royal et militaire de

Saint-Louis et officier de l'ordre royal de la Légion-d'Honneur, il fut encore promu au commandement très-envié de la première brigade d'infanterie de la garde royale.

Peu de temps après, l'arrondissement de la Tour-du-Pin l'envoya à la chambre des Députés, où il siégea jusqu'en 1827.

En 1830, fidèle au serment qu'il avait prêté et courtisan généreux d'une grande et noble infortune, il donna sa démission d'officier général et entra pour toujours dans la vie privée.

## II.

CAUSES QUI ONT DÉTERMINÉ LA RUINE DE SON COMMERCE
ET DE SON INDUSTRIE.

II.

Nous touchons au terme de notre tâche, et cependant il nous reste encore à apprécier Crémieu au double point de vue de l'importance commerciale et industrielle surtout que cette ville avait autrefois.

Au point de vue commercial, cette importance était assez grande, mais hélas! qui s'en douterait aujourd'hui?... Déjà à propos de la halle couverte qui occupe la place principale de cette cité nous avons fixé l'attention sur cette question. Nous ne reviendrons donc pas sur un sujet que nous croyons avoir suffisamment exploré. Les marchés de Crémieu ne sont plus aussi abondamment approvisionnés qu'ils l'étaient jadis; les transactions entre vendeurs et acheteurs n'y sont plus aussi nombreuses. De nouveaux centres d'approvisionnements se sont formés aux alentours de cette ville. Les routes qui, notamment depuis quelques années, ont été ouvertes dans ses environs, ont créé de nouveaux débouchés et porté dans d'autres lieux l'activité commerciale qui, nous le craignons bien, ne viendra pas, de longtemps du moins, animer et féconder les marchés de cette ancienne cité.

C'est à Bourgoin, qui a profité de la ruine commerciale de Crémieu, c'est dans cette ville, chef lieu judiciaire de l'arrondissement de la Tour-du-Pin, qu'est venu se fixer le commerce des grains qui, jusqu'en 1789, avait dans ces contrées choisi Crémieu pour centre principal, nous dirons même unique. Le commerce des grains amène, comme conséquence naturelle, le commerce des farines. Crémieu manque malheureusement de moteurs hydrauliques, tandis qu'à Bourgoin les cours d'eau sont abondants. La disposition topographique du pays, les accidents variés de son sol, donnent à ces derniers une puissance dont l'industrie s'est emparée au profit de l'établissement et de la mise en jeu de *minoteries* (moulins) importantes et nombreuses.

Au point de vue industriel, le sort de Crémieu n'a pas été plus heureux. Son industrie qui se divisait en deux branches, la fabrication des toiles et celle des étoffes de laine, ne vit plus aujourd'hui qu'à l'état de souvenir. C'est tout au plus s'il existe encore dans les quartiers les plus reculés de cette ville une *cinquantaine* de métiers, derniers débris d'une splendeur industrielle déchue.

De ces deux branches d'industrie, une surtout avait une importance réelle; c'était celle de la fabrication des toiles de chanvre.

La fabrication de ces sortes de toiles est une industrie dont les commencements et les développements en France datent de fort loin; elle a même quelque chose de patriarchal qui fait d'elle une industrie qu'on peut appeler primitive. Le sexe le plus fort et le sexe le plus faible concourent à la fois et dans des proportions presque égales, à sa mise en œuvre et à son exploitation, car, s'il est vrai de dire que ce sont les hommes qui ameublissent et disposent la terre à recevoir et à féconder la semence qui fournit la matière première, il est vrai aussi d'ajouter que ce sont les femmes qui filent au rouet les fil qui, tissé ensuite par les hommes, se convertit sur le métier en toiles de toute qualité et de toute grandeur. Ce genre de travail a même cela de particulier et d'éminemment avantageux, que tout en contribuant puissamment au bien-être du ménage, il laisse à l'exploitation active du sol tous les bras valides de la famille. C'est dans les longues soirées de l'hiver, c'est quand un froid trop rigoureux retient l'ouvrier captif et quelquefois inoccupé au logis pendant le jour, que les femmes filent et que les hommes tissent le chanvre dont leurs mains ont préparé l'heureuse venue. Ainsi se trouve utilement et quelquefois même assez lucrativement employé un temps qui, sans cette industrie, laisserait souvent inoccupés bien des bras jeunes et vigoureux.

La fabrication des toiles à Crémieu comprenait deux espèces de produits : les toiles grossières et les toiles à voiles.

Les toiles grossières s'adressaient naturellement

à une plus grande consommation; aussi le chiffre de la production était-il bien plus considérable que celui des toiles à voiles. C'était pour l'usage du peuple surtout que les producteurs fabriquaient ces toiles. Le plus souvent ces dernières étaient livrées au commerce dans leur état écru, c'est-à-dire telles qu'elles sortaient du métier de tisserand; d'autres fois, au contraire, mais c'était là l'exception, elles étaient vendues lessivées, ou, pour employer le mot technique de fabrique, après avoir été soumises à l'état de *décruage*.

Le Dauphiné d'abord et puis ensuite le Languedoc, le Vivarais et la Provence, servaient de débouchés à cette partie de la fabrique de Crémieu. C'était dans les villes et jusque dans les hameaux les plus reculés de ces provinces qu'étaient apportées et vendues ces toiles dont la solidité de la chaîne et de la tissure étaient si bien appréciées par la classe pauvre, à l'usage exclusif de laquelle elles étaient destinées.

Douze à quinze maisons se livraient en grand, à Crémieu, à l'exploitation de ce genre d'industrie. Leurs opérations réunies, conçues et développées sur une vaste échelle, donnaient en moyenne, chaque année, une production de 12 à 15,000 pièces de toile qui, vendues sur les marchés divers à raison de quarante francs la pièce les unes dans les autres, réalisaient pour les fabricants une recette brute de six cent mille francs.

Quatre cents métiers étaient occupés à cette fabrication dans la ville seule de Crémieu : ces métiers fournissaient du travail à une population ouvrière de près de six cents personnes ainsi divisées : quatre cents ouvriers tisserands employés divers, et deux cents ouvrières dévideuses de fil.

La toile à voiles entrait pour un quart dans la fabrication totale. On sait que ces sortes de toiles sont faites avec du chanvre de qualité supérieure.

Destinées à lutter contre les vents au sommet des mâts et des vergues de nos vaisseaux de guerre et de nos navires de commerce, il faut que leur force et leur résistance soient à toute épreuve. Aussi leur fabrication exige-t-elle de grands soins et une préparation toute particulière. Quelquefois elles sont fabriquées en fil simple, mais plus souvent en deux ou trois fils retordus ensemble, ce qui donne à leur tissu plus de consistance, plus de fermeté et par conséquent plus de durée.

La fabrication de ces toiles forme, dans l'industrie des toiles, une industrie toute spéciale. Cinq départements en France appartenant presque tous à notre littoral maritime, l'Ille-et-Vilaine, le Finistère, le Maine-et-Loire, les Côtes-du-Nord et le Lot-et-Garonne, font de cette fabrication spéciale l'objet de leur commerce principal.

Crémieu écoulait ce genre de produit sur les côtes de Provence et notamment à Marseille, où le commerce l'achetait au moment même où il paraissait sur le marché et souvent à des prix supérieurs, tant étaient reconnues et appréciées les qualités.

Aux toiles à voiles se joignaient, pour une quantité à peu près égale, les toiles d'emballage; vendues aux mêmes lieux que les premières, mais non pas au même prix et aux mêmes conditions, elles servaient à la confection des sacs destinés à renfermer les soies et les fruits secs qui forment l'une des branches principales du commerce de ces contrées.

La fabrication des toiles à Crémieu divisait donc ses produits dans les proportions suivantes : les *toiles de ménage* figuraient pour la moitié, les *toiles à voiles* pour un quart et les *toiles d'emballage* pour le quart restant. La matière première employée était la même pour tous ces produits divers, seulement la finesse des fils et la délicatesse de la chaîne et de la trame variaient. Les toiles de ménage, dites toiles *demi-brins*, faisaient entrer dans leur tissure du fil d'étoupe. Les toiles à voiles, dites toiles *de brin*, n'employaient dans leur chaine et dans leur tissure que du chanvre épuré et exempt par conséquent d'étoupe. Les toiles d'emballage, dites *toiles d'étoupe*, étaient au contraire fabriquées exclusivement avec le résidu du chanvre.

Bien des causes se sont réunies pour amener la perte de cette industrie dans Crémieu.

Plaçons en première ligne la concurrence ruineuse que l'industrie toilière du nord faisait à celle de cette ville : elle jetait en concurrence sur les marchés des produits égaux en qualité et qu'elle vendait à des prix infiniment réduits.

N'oublions pas non plus que le tissage des toiles de chanvre était demeuré stationnaire à Crémieu plus encore que partout ailleurs. Comment espérer de lutter avec avantage contre les procédés inventés par la fabrication moderne !... Quelle différence immense entre les *toiles mécaniques* et les *toiles à la main!...* Leur durée est à peu près égale, bien que les avis soient encore partagés sur cette question; et, de plus, voyez combien est grande la différence qui existe entre la finesse et la régularité surtout de leur brin. Dans les toiles mécaniques, c'est une machine de force et de vitesse constamment égales qui dévide le fil et le fait courir sur le métier; dans les toiles à la main, au contraire, ce sont douze et souvent quinze mains différentes qui préparent le fil qui doit servir à la confection d'une même pièce de toile.

A ces causes de ruine il faut en ajouter une autre, la plus importante de toutes celles qui ont déterminé la perte de l'industrie toilière à Crémieu.

La noblesse et le clergé possédaient, avant 1789, la presque totalité des biens dans cette ville. La révolution en éclatant s'empara violemment de toutes les propriétés qui appartenaient à ces deux castes privilégiées, et les incorpora au domaine de l'état, non pas dans l'intention de les garder, mais pour les vendre nationalement à des prix souvent bien au-dessous de leur valeur réelle. Les fabricants de toiles de Crémieu trouvant dans l'acquisition de ces terres un placement avantageux, achetèrent tous de ces biens, et employèrent ainsi leurs capitaux qu'ils retirèrent du commerce. Devenus propriétaires et privés ainsi de l'argent nécessaire à l'exploitation de leur industrie, ils ne purent ou ne voulurent plus continuer une fabrication dans laquelle depuis longtemps d'ailleurs ils ne réalisaient que des bénéfices fort modiques. Seul, l'ouvrier tisserand survécut au délaissement de cette industrie ; mais il est mort depuis et n'a pas fait d'élèves.

La fabrication des étoffes de laine n'eut jamais, à Crémieu, l'importance et les développements qu'y avait acquis la fabrication des toiles, bien que, comme cette dernière, elle répondit à un besoin général et bien senti. Cette fabrication ne s'opérait qu'avec des laines de seconde et même de troisième qualité, et ne livrait ses produits qu'à la classe moyenne qui seule les achetait. La matière première était prise sur les lieux mêmes; préparée selon les anciens procédés, elle n'avait pas souvent la longueur et l'uni nécessaires : elle manquait surtout presque toujours de *finesse*, d'*égalité* et de *souplesse*.

On n'était pas encore parvenu, au moyen d'apprêts industriels, à donner à la laine grossière l'apparence et presque les qualités de la laine fine. C'est que, il faut en convenir, la filature et la fabrication des lainages ont fait, en France, depuis quelques années surtout, des progrès immenses qui, chaque jour, se développent davantage.

La fabrication des étoffes de laine comme celle des toiles, car il y avait ce point de ressemblance entre elles, fournissait trois sortes de produits distincts quant à la qualité et à l'usage auquel ils étaient destinés. C'était d'abord :

L'*anin* formé d'un tissu croisé sur la trame. La laine employée à ce produit était celle des agneaux *surges*. Cette sorte de laine a, en général, plus de douceur, plus de souplesse que la mère laine, et se file nécessairement plus fin.

L'*anin*, par cela seul qu'il se composait d'une matière première plus fine et qu'il exigeait plus de soin dans sa fabrication, était vendu à un prix plus élevé. Aussi n'était-il acheté que par la bourgeoisie.

Le *sardis* et la *sarge* venaient ensuite : le *sardis* était composé de la même matière que l'*anin*. Seulement, et c'est là ce qui établissait entre ces deux produits une différence essentielle, la laine qui entrait dans la fabrication du *sardis* était de qualité inférieure.

La *sarge* offrait au contraire un tissu composé mi-partie de laine et de fil : la trame était en laine et la chaîne en fil. Ces deux derniers produits se vendaient à des prix fort modiques et étaient en usage parmi le peuple seulement.

Cette industrie qui mettait en activité environ soixante métiers, fournissait du travail et des moyens d'existence à près de cinq cents ouvriers ou ouvrières, tisseurs, cardeurs ou fileurs.

La moyenne du rendement annuel de chaque métier s'élevait à trente pièces, soit un total de dix-huit cent soixante pièces, représentant à raison de vingt-six francs, valeur commerciale de la pièce, la somme ronde de quatre cent quatre-vingt-trois mille soixante francs. Cette somme, jointe à celle de six cent mille résultant de la vente des toiles, constituait donc pour l'industrie seule de la ville de Crémieu un chiffre de *un million quatre-vingt-trois mille soixante francs.*

Avec la révolution cessa subitement la fabrication des étoffes de laine dans Crémieu. Les causes qui déterminèrent ce déplorable état de choses ne furent pas les mêmes que celles qui avaient amené la ruine de la fabrication des toiles. Les coutumes somptuaires, auxquelles l'usage avait en quelque sorte donné force de loi en France, cessèrent d'exister. Dès ce moment, les grands principes d'égalité qui avaient prévalu avaient opéré une révolution complète non seulement dans les idées, mais encore dans les mœurs et dans les habitudes. Le bourgeois qui jusqu'alors n'avait employé pour se vêtir que la laine, abandonnant à la caste privilégiée, la noblesse, l'usage exclusif de la soie et du velours, voulut à son tour jouir de la même faveur. La fabrication des étoffes de soie prit dès ce moment un accroissement rapide qui, par une conséquence forcée, tourna au détriment des étoffes de laine. Ainsi se trouva réalisée dans Crémieu la ruine complète de cette dernière branche d'industrie. La consommation cessant, la production dut naturellement cesser aussi.

On doit évidemment regretter que cette industrie, qui profite à la fois à l'agriculture à laquelle

elle emprunte sa matière première, et au commerce dont elle augmente et varie les produits, ait ainsi cessé d'exister à Crémieu. Il eût été sans doute à désirer que cette ville eût pu continuer à se livrer à une fabrication qui, depuis quelques années surtout, est entrée dans une large voie de progrès, d'amélioration, de développement, et par conséquent de produit, non seulement pour ceux qui se livrent à ce genre de fabrication, mais encore pour les localités choisies comme siéges de son exploitation.

Malheureusement cette ville se trouve placée dans des conditions topographiques qui, dans aucun cas, n'auraient pu lui permettre de conserver des établissements dont les progrès et les inventions modernes ont modifié et changé même complètement une partie des éléments. Crémieu manque surtout d'eau, ce grand moteur de toute industrie.

Fondée en quelque sorte en France par Colbert,

cette industrie a depuis lors, grâce à la protection puissante de ce digne ministre du plus grand de nos rois, marché d'accroissement en accroissement. Ce fut Colbert qui fit venir et établir à grands frais à Abbeville, à Sédan et à Carcassonne, des ouvriers hollandais qu'il chargea du soin d'acclimater et de populariser les procédés ingénieux de fabrication qui avaient fait de la fabrique hollandaise la première fabrique d'étoffes de laine du monde. La Hollande avait ravi à Florence cette industrie à laquelle les Médicis avaient dû leur opulente fortune; c'était donc imiter son exemple et en quelque sorte suivre ses leçons, que de lui enlever à son tour le monopole de cette fabrication.

Une fois introduite en France, il fallait l'y fixer: Colbert l'avait parfaitement compris; aussi prodigua-t-il à cette industrie naissante des encouragements de toute sorte et un appui énergique et constamment efficace. Le secours et la bonne volonté de cet homme d'état ne pouvaient cependant pas suffire pour assurer le succès définitif et complet de cette fabrication. Il fallait encore que la consommation répondît aux efforts de la production. Il est un axiome commercial dont l'exactitude n'a été contestée par personne : « Sans acheteurs pas de production longtemps possible. »

Le trésor public était épuisé par les dépenses de la guerre, et la Hollande qui n'avait pu voir sans regret l'industrie qui faisait sa richesse s'éloigner d'elle pour aller se fixer dans un pays voisin, luttait avec l'énergie du désespoir, au moyen des fabriques qu'elle avait conservées à Leyde, contre les produits de notre industrie naissante. Ce fut alors que Colbert qui savait combien l'exemple parti de haut trouve de nombreux imitateurs, s'avisa d'un expédient qui témoigne de toute la fécondité de son génie. Il conseilla au roi Louis XIV de se faire faire un habit de drap provenant de la nouvelle fabrique française, et de dire devant la cour assemblée qu'il en trouvait l'étoffe jolie. Ce qu'avait prévu Colbert se réalisa à l'instant même et avec un succès qui dépassa ses espérances. La cour et la ville s'empressèrent aussitôt de suivre l'exemple du maître, et il devint de bon ton et de mode de se faire habiller avec le drap que le roi avait daigné trouver *joli*.

Nous pourrions, si nous le voulions, suivre ainsi pas à pas les progrès de la fabrication des étoffes de laine en France, mais il n'entre pas dans notre cadre de faire un historique aussi long et aussi détaillé. Bornons-nous donc à dire en finissant que les progrès des arts, l'usage des machines substituées à la main de l'homme pour le garnissage et le tondage des draps et l'introduction de la filature par des moyens mécaniques, ainsi qu'une meilleure distribution du travail et la facilité et la promptitude des moyens de fabrication, ont fait aujourd'hui de cette industrie l'une des plus prospères de la France.

## III.

**MOYENS A PRENDRE POUR LUI RENDRE TOUT OU AU MOINS PARTIE DE SON ANCIENNE PROSPÉRITÉ.**

### III.

S'il est essentiel d'être fixé sur ce qu'était Crémieu autrefois, il est non moins essentiel encore de connaître l'état dans lequel cette ville se trouve aujourd'hui. Peut-être parviendrons-nous ainsi, en étudiant et en appréciant cette situation nouvelle, à trouver les moyens qui pourraient lui rendre, sinon en entier du moins en partie, les éléments constitutifs de son ancienne importance et de son ancienne prospérité.

Ce qu'est Crémieu aujourd'hui se réduit, on ne doit pas se le dissimuler, à bien peu de chose. L'industrie y est complètement tombée en oubli, et le commerce ne fait plus de cette ville, comme autrefois, un grand centre d'approvisionnement et le lieu de prédilection choisi par lui pour y opérer ses transactions variées et nombreuses.

Des foires et un marché subsistent encore dans cette ville. Les foires sont, les unes d'origine ancienne, les autres d'origine récente. Celles d'origine ancienne sont au nombre de quatre, qui doivent leur existence à une ordonnance royale du 30 avril 1784; ce sont celles des 5 février, 15 juin, 7 novembre et 15 décembre : elles sont assez fréquentées, mais elles ne donnent lieu qu'à des transactions peu importantes. Il en existe encore deux autres qui ne doivent être considérées que comme un hommage rendu à un souvenir pieux et à une vieille coutume, et dont l'établissement semble remonter à une époque assez reculée.

L'une, celle du 17 janvier, jour de la saint Antoine, avait été évidemment créée dans l'intérêt de l'hôpital placé sous la protection de ce saint. Des dons nombreux en nature étaient offerts ce jour là à cet établissement.

L'autre, celle du 24 juin, fête votive (*vogue*) plutôt que foire, était et est encore le rendez-vous des domestiques des deux sexes qui veulent entrer en condition. La halle et les rues qui y aboutissent sont ce jour là remplies de ce produit commercial d'une nouvelle espèce : c'est là que se réunissent fermiers et valets, fermières et servantes. On se voit, on entre en pourparlers, et à la fin du jour les jeunes garçons et les jeunes filles ont, les uns un nouveau maître, les autres une nouvelle maîtresse.

Les nouvelles foires sont au nombre de huit ; une ordonnance royale du 8 mars 1821 a fixé leur tenue aux 15 janvier, 9 mars, 25 avril, 9 mai, 15 juillet, 13 août, 17 septembre et 4 octobre. Elles sont tombées en désuétude par suite de circonstances dont nous n'avons pas à nous occuper ici.

Quant au marché, il a lieu le mercredi de chaque semaine. Dans l'état actuel des choses, ce marché, qui est peu fréquenté, ne réalise pour Crémieu qu'un résultat assez négatif. Qu'apporte-t-on en effet dans ce marché ? Sur quels objets s'opèrent les ventes et les achats ?.... Ce qu'on y apporte, les objets sur lesquels s'opèrent les ventes et les achats, ce sont des objets de première nécessité ; la grosse volaille y occupe le premier rang. Et à ce sujet réparons bien vite ce que quelques lecteurs pourraient considérer comme un oubli dédaigneux de notre part.

Les dindes de Crémieu jouissent d'une répu-

tation dont le temps a consacré la légitimité.
L'élève et la vente de ces dindes qui appartiennent à cette petite espèce dont la chair est si fine et si substantielle, constitue, pendant quelques mois de chaque année, non seulement pour Crémieu, mais encore pour toutes les contrées environnantes, un commerce qui a certes bien son importance. Ce volatile qui est rangé dans la famille des gallinacées, et qui, ainsi que personne ne l'ignore, a été importé de l'Amérique septentrionale en France vers le milieu du quinzième siècle, et servi pour la première fois au repas de noces du roi Charles IX, est amené par troupes nombreuses sur les marchés de Crémieu; chaque dinde est vendu l'un dans l'autre à raison de trois francs cinquante centimes. La quantité fort considérable de ces animaux, qui sont vendus sur les lieux ou exportés au loin, car Crémieu et les pays voisins ne consomment pas seuls ce produit délicat, donne lieu à un mouvement de

fonds assez important. Il résulte des renseignements statistiques que nous avons recueillis, que le commerce seul de ces dindes qui, selon l'heureuse expression de Brillat-Savarin, « sont un des plus « beaux cadeaux que le nouveau monde ait fait à l'ancien », s'élève, dans le canton de Crémieu, à vingt-cinq mille, qui, vendus en bloc, donnent un chiffre total de 85,500 francs.

S'il est vrai de dire que Crémieu a perdu son industrie, et que son commerce autrefois florissant n'existe plus aujourd'hui, il faut se hâter de reconnaître cependant que de nouveaux éléments de prospérité ont surgi autour de cette ville. Des routes et des chemins nombreux ont été ouverts. Ces voies de communications qui, pareilles à de grandes artères, font circuler le mouvement et la vie sur tous les points qu'elles parcourent, sillonnent le territoire de Crémieu dans tous les sens et mettent en relation permanente cette petite cité avec tous les lieux circonvoisins.

Les routes qui traversent ou rayonnent sur Crémieu sont au nombre de trois :

1º Au nord et au sud la route départementale n° 5 de Bourgoin à Lagnieu ;

2º A l'ouest la route départementale n° 12 de Lyon ;

3º Au sud-ouest la route départementale n° 15 de Vienne.

La première, la route départementale n° 5 de Bourgoin à Lagnieu, se bifurque à 6 kilomètres environ de Crémieu, au moyen d'un embranchement sur Morestel, avec la route royale n° 75 du Pont-du-Sault aux Abrets, localité autour de laquelle rayonnent les routes royales n° 6 de Lyon au Pont-de-Beauvoisin, et n° 92 des Abrets à Cordon ; la route n° 5 relie donc directement Crémieu sur un point avec Genève et la Suisse, par le pont de Cordon ; sur un autre point, avec Chambéry et la Savoie par le Pont-de-Beauvoisin, et enfin avec Grenoble et les Alpes par les routes royales n°s 85 et 75. Sans être la plus utile à Crémieu, car à ce point de vue elle ne peut entrer en parallèle avec la route qui relie cette ville avec Lyon, la route n° 5 est néanmoins celle qui semble devoir amener le plus de mouvement dans Crémieu. Déjà d'assez nombreux convois de roulage pour la Suisse et l'Italie, et une diligence poste suivent cette direction, et nul doute qu'en l'absence d'un chemin de fer, sur le tracé duquel nous nous proposons d'appeler bientôt l'attention de nos lecteurs, Genève et une partie de l'Helvétie et de l'Italie ne correspondent un jour avec Lyon par cette ligne qui, il faut le reconnaître, devient chaque jour plus fréquentée.

La route n° 5, à part les avantages matériels qu'elle procure et qu'elle est encore destinée à procurer à Crémieu, offre à la sortie de cette ville un but de promenade qui a attiré et attirera bien longtemps encore les artistes et les curieux. C'est qu'en effet rien n'est pittoresque et mouvementé comme le paysage qui déroule autour de cette route à partir de Crémieu, et sur une longueur d'un kilomètre et demi environ, ses ravissantes perspectives. Bien des peintres paysagistes ont déjà reproduit les accidents variés et multipliés de cette route qui court large et unie entre des rochers au fond d'un ravin creusé par la main puissante de la nature, et aucun d'eux n'est encore parvenu à reproduire avec cette vérité saisissante qui étonne et émeut, les détails infinis de ce paysage où, comme aux gorges d'Ollioules, dont il rappelle le souvenir, la fraîcheur le dispute à la grâce, la grandeur à la sauvagerie.

Des prairies ombragées de grands noyers et rafraîchies par les eaux pures d'un ruisseau occupent le fond de la gorge, puis de chaque côté de la route s'élancent des rochers gigantesques taillés à pic ; leur pied disparaît caché dans les hautes herbes des prairies ; leur milieu offre dans toute son étendue une surface lisse où se mêlent et se confondent, dans un harmonieux ensemble, les couleurs éclatantes de l'arc-en-ciel, et leur sommet est couronné de bois taillis dont les branches se tordent en festons au-dessus de l'abîme.

Presque au débouché du ravin, aux portes de la ville, à quelques pas d'un fragment de rochers (*la fusa*) autour duquel s'enroulent les fraîches et gracieuses spirales du lierre, et que l'action dissolvante du temps et des eaux ont laissé seul debout, figurant un de ces monolithes égyptiens que l'orgueil des Pharaons éleva jadis dans les plaines brûlantes de Thèbes et de Memphis, apparait un moulin devant lequel artistes et voyageurs n'ont jamais passé indifférents et distraits.

Un aqueduc en bois, pittoresquement établi au pied des rochers, conduit l'eau du ruisseau en vue du moulin et la fait jaillir en cascade au-dessus d'une roue dentée dont elle opère et accélère tout à la fois le mouvement. . Mais les rochers s'éloignent, et laissent aux perspectives de l'horizon plus de profondeur et plus d'espace. Les montagnes adoucissent la rapidité de leurs pentes et se couvrent d'arbres aux jets vigoureux et élancés. Une vallée s'ouvre, vallée délicieuse, dont la fraîcheur toute élyséenne et l'aspect doux et reposé rappellent ces beaux paysages flamands, immortalisés par le pinceau divin de Ruysdaël et de Paul Potter.

Au delà de cette vallée la route disparaît au milieu des marais de Bourgoin.

La seconde route qui occupe dans le classement des routes départementales le n° 12, est sans contredit la plus importante, et celle qui présente le plus d'avenir à Crémieu. Cette route qui établit des relations multipliées entre cette ville et Lyon, car, indépendamment de la diligence poste d'Italie, elle est parcourue, chaque jour, par huit ou dix voitures publiques, correspondant avec Aoste, les Avenières et les Abrets, peut ouvrir à cette dernière ville une ère de prospérité toute nouvelle si, comme tout doit le faire espérer, les efforts persévérants et intelligents de l'administration locale obtiennent enfin que le projet de rectification de la route n° 12 dans la traversée de Crémieu soit enfin adopté.

Ici vient tout naturellement se placer non pas la discussion, l'objet ne nous paraît pas pouvoir en souffrir de sérieuse, mais le narré des faits et l'énumération sommaire des désavantages qui résulteraient pour cette ville de ne pas exécuter la rectification, connue et désignée dans le pays sous la dénomination *de percée*. Les faits sont connus de tout le monde dans la contrée; quant aux désavantages, il n'est personne aujourd'hui, nous nous plaisons du moins à le croire, qui ne les apprécie et ne soit disposé à se réunir à l'administration locale pour en prévenir les désastreux effets pour la majeure partie de la population de Crémieu menacée dans ses intérêts les plus réels.

Fixons-nous bien d'abord sur la topographie des lieux. Ce sera le moyen de rendre notre démonstration plus facile et notre pensée plus intelligible.

La route n° 12, traverse la ville de Crémieu, mais les difficultés de la circulation dans certaines parties de la ville et notamment à son entrée par la porte de Lyon, ont fait proposer par les ponts-et-chaussées un projet de rectification qui aurait pour effet de détourner la route qui passe dans l'intérieur de la ville, et de la faire circuler à l'extérieur, le long de la promenade *des Tilleuls*.

L'adoption de ce projet consommerait la ruine du peu de commerce qui reste dans Crémieu. La population s'en est émue et l'administration municipale a dû rechercher les moyens d'obvier aux inconvénients désastreux du projet des ponts-et-chaussées : aussi a-t-elle proposé une rectification différente de celle du génie civil. Deux projets sont donc en présence. L'un patroné par les ponts-et-chaussées, l'autre, présenté par l'administration municipale, et appuyé par le vœu de l'unanimité de la population de Crémieu, qui a pour objet de maintenir le passage de la route par le centre de la ville et d'accroître la circulation et le mouvement dans son sein.

Envisagés au point de vue de l'intérêt de la ville de Crémieu, ces deux projets ne peuvent souffrir aucune comparaison sérieuse. La préférence donnée jusqu'ici par les ponts-et-chaussées à l'un plutôt qu'à l'autre, n'a donc tenu qu'à une question d'art ou plus probablement encore au chiffre présumé de la dépense. Avant d'aborder la discussion de cet ordre d'idées, voyons en quoi consiste la rectification proposée par l'administration municipale de Crémieu. Un coup-d'œil rapide jeté sur le plan figuratif de cette ville rendra notre raisonnement probablement encore plus saisisable.

Le parcours décrit par la route actuelle suit la ligne indiquée par des petits points ( . . . . . . . ); le projet des ponts et chaussées y est figuré par la ligne suivante (— · — · — ·), enfin la rectification sollicitée par Crémieu y est tracée par une ligne brisée (— — —).

La lettre A indique le départ commun des trois lignes, et la lettre B le point d'arrivée ou la réunion commune des trois mêmes lignes. La rectification sollicitée par la ville, il est presque inutile de le faire remarquer, emprunterait le parcours de la route actuelle depuis la lettre C jusqu'à la lettre B.

Tel est en peu de mots l'exposé topographique de la question.

Entre les deux projets de rectification la différence des distances est insignifiante; les pentes sont à peu près les mêmes. Toute la difficulté se réduit donc à la question de la dépense.

Or, en quoi consiste cette dépense?

1° Pour le projet des ponts et chaussées.

En travaux d'art. . . . 5,000 f. ⎫
En indemnité à la ville pour ⎬ 10,000 f.
sa promenade. . . . . . 5,000 f. ⎭

2° Pour le projet proposé
par la ville.

En travaux d'art, achats de
terrains et de bâtiments . . . . . 16,000 f.

Différence en plus pour le
projet proposé par la ville. . . . . 6,000 f.

C'est ce surcroît de dépense que l'administration des ponts-et-chaussées fait valoir, car nous doutons qu'elle ait de raison plus sérieuse, pour soutenir le projet qu'elle affectionne, et pour battre en brèche celui dont la ville de Crémieu demande l'adoption avec une persévérance si courageuse et si digne d'éloges.

M. l'ingénieur ordinaire des ponts-et-chaussées, à la résidence de Bourgoin, à l'intelligence et au mérite duquel nous nous plaisons à rendre hommage, n'a pu nous donner communication de son rapport et des pièces à l'appui, ces documents étant déjà sortis de ses bureaux. A part le chiffre plus élevé de la dépense, nous ne connaissons donc pas d'autres considérations sur lesquelles il ait pu se fonder pour repousser les vœux des habitants de Crémieu ; mais en existerait-il, qu'elles ne pourraient être que d'un ordre très-inférieur à celles qui militent en faveur de toute une population menacée dans son existence, car il ne faut pas un seul instant perdre de vue que pour Crémieu la question de la *percée* est une question toute vitale.

En effet, que la route n° 12 ne passe plus dans Crémieu, et l'on verra quel sera le résultat immédiat et désastreux pour cette petite cité du déclassement de cette fraction de route. Toute circulation, tout mouvement commercial cesseront aussitôt ; la halle et les rues adjacentes deviendront désertes, et les maisons perdront à l'instant un quart et peut-être un tiers de leur valeur. Quel parti, si la route est portée à l'extérieur, pourra-t-on tirer désormais de ces habitations louées les unes à des maîtres d'hôtel, les autres à des marchands qui les ont converties en magasins ou en boutiques ?

On comprend aisément les sacrifices que la ville s'est imposés pour prévenir la réalisation d'une si ruineuse perspective. Elle a acquis un emplacement pour y établir le nouveau cimetière, l'ancien devant être traversé et littéralement scindé en deux par la *percée*. Cette dépense déjà bien lourde pour son budget n'est pas la seule néanmoins que l'administration locale, dans une louable sollicitude pour les intérêts de ses administrés, soit disposée à supporter pour le succès d'un projet si éminemment populaire que celui dont il s'agit. Elle vient tout récemment encore d'acheter la maison *Baudran*, la seule qui offrait un obstacle sérieux à l'entrée de la route dans le cœur de la ville.

A peine les devis des dépenses qu'entraînerait la réalisation de chaque projet furent-ils connus, que Crémieu, pour faire prévaloir le sien, offrit de l'exécuter avec ses propres ressources, moyennant une subvention de 10,000 fr. égale à la dépense que nécessiterait la rectification de la route à l'extérieur de la ville.

Si on eût pu alors, en raison de sa spontanéité, mettre en doute la sincérité ou tout au moins la possibilité de la réalisation de son offre, tout soupçon de cette nature n'est plus permis aujourd'hui. Confiante dans les lumières et la justice de l'administration supérieure, et par conséquent dans l'adoption de son projet, la ville de Crémieu procède chaque jour à l'achat des propriétés qui forment un obstacle matériel à l'ouverture de la *percée*. Ces acquisitions touchant à leur fin, serait-il possible qu'on ne tînt aucun compte de tant de sacrifices?... Nous ne le pensons pas.

Nous ne le pensons pas, parce qu'agir autrement ce serait méconnaître le principe élémentaire en matière de voirie, qui veut que les routes profitent essentiellement aux localités qu'elles traversent.

Nous ne le pensons pas, parce qu'à ce point de vue il y aurait flagrant déni de justice envers Crémieu...

Nous ne le pensons pas enfin, parce qu'en général, à l'époque où nous sommes, les questions d'intérêt public s'élaborent de manière à ce que, un peu plus tôt ou un peu plus tard, la vérité se fait jour, et que les passions individuelles demeurent heureusement presque toujours impuissantes, quand il s'agit d'obtenir l'arrêt de mort d'une population de deux mille âmes.

Que tout le conseil municipal, que tous les habitants unissent donc franchement et sans arrière pensée leurs efforts à ceux de M. Victor Pasquet, l'administrateur actif et intelligent qui a déjà tant fait pour l'amélioration et la prospérité de Crémieu, et bientôt cette ville obtiendra gain de cause pour la rectification qu'elle désire si vivement voir adopter par l'administration supérieure.

Nous ne voudrions pas formuler notre pensée d'une manière trop absolue, car nous savons combien les susceptibilités s'éveillent facilement quelquefois, mais il nous est impossible de ne pas constater ici les obstacles qu'au début de son œuvre, le maire de Crémieu, M. Victor Pasquet, a rencontrés autour de lui, obstacles sérieux qui auraient rebuté un homme moins dévoué que lui aux véritables intérêts de son pays. Les sympathies de la grande majorité, nous dirons mieux, de la presque totalité de la population, ne lui ont sans doute pas fait défaut un seul instant, mais il lui a fallu lutter avec des résistances d'autant plus vives qu'elles s'appuyaient sur des intérêts directs et tout personnels. Ces résistances, reconnaissons-le avec bonheur, ont cessé complètement, grâce à la conduite habile et ferme que M. Victor Pasquet a tenue. Et aujourd'hui soutiens et adversaires se groupent autour du chef de l'administration municipale pour l'aider de leur concours et de leurs vœux dans l'accomplissement de la tâche importante qu'il a si patriotiquement entreprise.

Reste encore une troisième route départementale, celle qui est classée sous le n° 15. Cette route, quoique moins importante pour Crémieu que les routes n° 5 et n° 12, n'est cependant pas, surtout dans l'avenir, dépourvue d'un intérêt réel pour cette ville. C'est au moyen de cette voie de communication que le canton entre en rapport avec tout le midi de la France, par Vienne, où la route n° 15 va se réunir à la route royale n° 1 de Paris à Marseille.

A ces grands moyens de communication et à d'autres chemins de grande et de petite vicinalité dont nous n'avons pas cru devoir présenter l'énumération, quelques hommes, mieux intentionnés que bien inspirés, ont voulu, dans ces dernières années, ajouter un chemin de fer.

Fixons-nous d'abord sur l'établissement projeté de cette voie ferrée, et sur les difficultés matérielles qui rendent son exécution impossible, et apprécions non pas les avantages, il ne saurait y en avoir pour Crémieu, mais les désavantages que la réalisation de ce projet aurait pour cette cité. Nous heurtons de front, peut-être, les intérêts et les prétentions de quelques hommes, en nous prononçant ainsi sur cette question, mais avant tout, nous tenons à être vrai et nous ne voudrions pas un seul moment laisser aux habitants de Crémieu un espoir dont la réalisation est, heureusement pour eux, physiquement impossible.

Deux projets de chemins de fer de Lyon à Genève par le département de l'Isère, ont été étudiés; l'un par la Verpillière, l'autre par Crémieu. Ce dernier fut presque immédiatement abandonné, comme étant plus long que le précédent et comme devant, abstraction faite de quelques difficultés presque insurmontables, donner lieu à une dépense infiniment plus considérable.

Ce chemin prenait son point de départ aux Brotteaux près la Tête d'Or ; il franchissait les Balmes Viennoises ; il passait par Dessine, Meyzieux, Janneyriat, Charvieux et franchissait la Bourbre près de Pont-de-Chery, pour se diriger ensuite sur Crémieu. De cette ville, le tracé se jetait dans la gorge de la rivière de Vaux et de là gravissait au sommet de la Gorge des Bronches pour redescendre à St-Hilaire-de-Brins. De ce point, le raillway se dirigeait entre Trept et Salagnon, et longeait le ruisseau de l'Epave dans les marais jusqu'au lac de Save, en passant près d'Arandon. Du lac de Save, le projet suivait la Save, et arrivait près Morestel pour se diriger sur Cordon, en passant près le Bouchage, et sous Brevin, hameau de la commune des Avenières. Enfin, il traversait le

Rhône en face de Cordon pour suivre la vallée du Rhône jusqu'à Genève.

Ce projet, dû aux études de M. l'ingénieur Bouland, offrait les plus graves inconvénients.

Et d'abord, ce raill-way prenant son point de départ à la Tête-d'Or, n'aurait pas pu se relier aux débarcadères des chemins de fer de Paris à Marseille, à moins d'établir un viaduc au travers des Brotteaux et de la Guillotière, chose à peu près impossible et qui, dans tous les cas, ne serait pas autorisée.

En second lieu, l'exécution du chemin de fer de M. Bouland nécessitait une rampe à forte pente pour franchir les Balmes Viennoises, et un autre viaduc fort élevé et d'une grande longueur pour franchir la Bourbre au Pont-de-Chery. Là ne se réduisaient pas toutes les difficultés : il fallait encore une seconde pente non moins forte que la première pour arriver de Crémieu au sommet de la gorge des Bronches. Ce sommet est de 50 mètres plus élevé que, Crémieu, et la distance n'étant que de 4 kilomètres, on aurait eu de la sorte une inclinaison inadmissible de 12 millimètres et par suite une contre-pente semblable pour redescendre à St-Hilaire-de-Brins. Enfin de St-Hilaire à Cordon, sur une longueur de 50 kilomètres, le chemin aurait été établi dans des marais, c'est-à-dire, sur un sol mouvant et incertain, cause ordinaire de dépenses considérables.

Ce tracé qui, ainsi qu'on vient de le voir, suivait la lisière septentrionale du département de l'Isère avait en outre le grave inconvénient de s'éloigner de Bourgoin et de rendre impossible l'embranchement qui doit se diriger de cette ville sur Grenoble dans le but de relier Paris et Lyon au chef-lieu de l'Isère. Aujourd'hui surtout qu'il a été reconnu que tout autre embranchement était à peu près irréalisable, car on sait que c'est à ce malencontreux embranchement de St-Rambert qu'est due la désertion de la compagnie du chemin de fer abandonné de Lyon à Avignon, cette considération, à défaut d'autres plus majeures, pèserait dans la balance, si on en était encore au point de savoir auquel des tracés on donnerait la préférence.

Mais en admettant qu'il en fût ainsi, la ville de Crémieu aurait-elle un intérêt incontestable à se voir traversée par un chemin de fer?.... N'en déplaise à quelques personnes qui émettent chaque jour une opinion affirmative, l'expérience qu'en ont faite un grand nombre de villes qui doivent toutes leur ruine au voisinage d'un chemin de fer, ne nous permet pas d'hésiter un seul instant à répondre négativement.

Nous ne saurions mieux justifier notre opinion qu'en transcrivant ici les réflexions publiées à ce sujet, par M. Louis Bonnardet dans son rapport de 1847, à l'Académie des sciences, belles-lettres et arts de Lyon. Savant économiste, publiciste distingué, nul n'est plus apte que lui à traiter et à apprécier des questions de cette nature.

« Généralement placés, comme des étapes, à des
« distances calculées sur notre ancien mode de lo-
« comotion, la plupart de nos villes intermédiaires,
« deviendront des superfluités dont le temps aura
« bientôt fait justice, car, les distances effacées, à
« quoi bon les étapes? Celles qui étaient à un ou
« deux jours de marche, ne se trouvant plus qu'à
« une ou deux heures les unes des autres, dispa-
« raîtront comme des contre-sens qu'elles sont,
« comme doivent disparaître des relais devenus
« inutiles. Aussi, que toutes ces villes le sachent
« bien, leur mort est certaine; et celles qui sol-
« licitent comme une faveur d'être traversées par
« un chemin de fer, font preuve d'un aveugle-
« ment dont de funestes expériences auraient dû
« les garantir. Qu'on demande à Colmar, à Sche-
« lestadt et à d'autres villes placées sur la ligne
« de Bâle à Strasbourg, ce que leur a valu l'éta-
« blissement du chemin de fer? Qu'on aille voir
« ce que devient Versailles; qu'on demande à Or-

« léans même ce qu'il a gagné à son chemin,
« qui pourtant n'a pas encore de prolongement
« en activité; qu'on examine ce que le chemin de
« Saint-Etienne a fait de Saint-Chamond, malgré
« sa fabrique; de Rive-de-Gier, malgré ses houilles
« et ses verreries? Mâcon verra à son tour ce qui
« lui en adviendra. Les bateaux à vapeur l'ont
« tué à moitié, le chemin de fer l'achèvera. Les
« propriétés territoriales rapprochées des centres
« par les chemins de fer gagneront en valeur, et
« nous comprenons leur intérêt; mais pour les
« villes intermédiaires, nous le répétons, elles se-
« ront anéanties, car les chemins de fer sont des-
« tinés à faire, de la terre, des déserts et quel-
« ques grandes fourmilières. »

Si ces réflexions sont justes, comme il y aurait de l'aveuglement à ne pas le reconnaître, la ville de Crémieu fera sagement de laisser passer le chemin de fer projeté à quelque distance de ses murs. Ainsi placé, ce raill-way la vivifiera, tandis, au contraire, qu'il lui ferait subir le sort désastreux qu'ont éprouvé tant d'autres localités placées même dans de meilleures conditions de prospérité, s'il longeait ses murs ou traversait son enceinte.

Pour rendre quelque vie à la ville de Crémieu, il faudrait avoir recours à des moyens énergiques; mais ces moyens où les trouver?

Les personnes qui, comme nous, prennent à cœur les intérêts de cette cité et se préoccupent de l'état de discrédit industriel et commercial dans lequel elle est tombée, pensent que le seul moyen pour atteindre ce but avec succès serait l'établissement à Crémieu d'une succursale de la fabrique lyonnaise. La ville ne reculerait devant aucun sacrifice pour acclimater au milieu d'elle cette grande industrie qui a fait et fait tous les jours encore la fortune et la célébrité de la seconde ville du royaume. Elle abandonnerait gratuitement pendant plusieurs années, aux fabricants qui prendraient l'engagement d'y établir des métiers à tisser la soie, la libre disposition des vastes bâtiments de son collége, aujourd'hui complètement abandonné. Tous les genres d'appui leur seraient généreusement offerts par l'administration municipale et par les habitants qui auraient tout à gagner à voir se fixer dans leur ville une industrie si importante et si riche d'avenir. Malheureusement les vœux, quelque sincèrement formulés qu'ils soient, ne suffisent pas toujours pour obtenir un résultat ardemment désiré.

Il faut, alors surtout qu'il s'agit de choses aussi essentielles et aussi positives que les choses industrielles, offrir des ressources et des conditions certaines de succès. Examinons si Crémieu présente toutes ou au moins partie de ces conditions.

Il est certain, l'observation et l'expérience le démontrent surabondamment, que le moment n'est pas éloigné où Lyon, cette importante cité industrielle, cessera d'exister à l'état de grand centre de fabrication pour devenir seulement un lieu d'entrepôt, ou, si mieux on aime, un bazar ouvert à la vente des riches produits de la fabrication des étoffes de soie, soit unies soit façonnées.

Il est de principe élémentaire en matière d'économie commerciale qu'il y a avantage pour le fabricant et pour l'acheteur à obtenir sur le prix de revient le plus d'économie possible. Le fabricant payant moins cher la main d'œuvre, pourra nécessairement donner sa marchandise à meilleur marché à l'acheteur qui obtiendra ainsi à un prix modéré ce qui lui eût coûté infiniment davantage si les frais de fabrication eussent été plus considérables.

Cette économie dans le prix de revient, comment sera-t-elle obtenue?... Sera-ce seulement par l'emploi de machines et la substitution d'un moteur mécanique aux bras de l'ouvrier?... Evidemment non. Cette économie sera tout naturellement réalisée si vous diminuez les charges qui pèsent sur l'ouvrier, charges nombreuses qui rendent sa position si misérable dans les grands centres de population surtout.

En effet, qu'on fasse que ce dernier trouve à se loger, à se nourrir, à se chauffer, à pourvoir enfin à ses besoins personnels et à ceux de sa famille, avec plus d'économie, et aussitôt on obtiendra une diminution notable dans le prix de la fabrication; car, il ne faut pas se le dissimuler, ce qui maintient ainsi élevé le prix des salaires dans les grandes villes manufacturières, c'est l'impossibilité où se trouve l'ouvrier d'y vivre dans des conditions normales de bien-être et de bon marché. Obligé lui-même de payer tout à un prix souvent fort exagéré, il doit nécessairement pour maintenir l'équilibre entre la dépense et la recette, ne se relâcher en rien de ses prétentions et conserver intact le prix, quelque élevé qu'il soit, des salaires. C'est une loi de nécessité que fabricants et ouvriers sont également obligés de subir.

Ces derniers ont si bien senti et apprécié combien pouvait devenir nuisibles à leurs véritables intérêts un pareil état de choses s'il se prolongeait plus longtemps, qu'ils ont déjà commencé à fixer aux environs de Lyon une portion même assez considérable de la fabrication. On comprend toutefois, sans qu'il soit besoin de l'expliquer longuement, que cette émigration à l'extérieur de la fabrique lyonnaise n'a dû porter que sur les objets unis et non point sur les objets façonnés.

Ces objets façonnés, connus dans le commerce sous la dénomination d'*étoffes nouveautés et articles riches*, exigent dans leur fabrication une surveillance et des soins de tous les instants. Les métiers consacrés à la fabrication de ces produits sont relativement beaucoup moins nombreux que les autres, car c'est à la classe opulente seule que s'adresse cette nature de produits confectionnés au fur et à mesure des besoins de la consommation. Chaque métier est monté sous les yeux du fabricant lui-même et surveillé par un de ses employés qui suit pour ainsi dire pas à pas le jeu du métier, tant est minutieuse et délicate cette fabrication, qui n'admet dans sa composition que de la soie de qualité superfine, à laquelle l'or et l'argent viennent souvent mêler, notamment dans la fabrication des étoffes destinées aux ornements d'église, l'éclat et le brillant de leurs fils précieux.

L'habileté du fabricant est chose essentielle sans doute, mais à cette habileté il faut encore que vienne se joindre le génie inventif du dessinateur. Le fabricant prépare et le dessinateur varie, avec son crayon et son pinceau, le dessin et les nuances qui ajoutent tant de prix à ces étoffes somptueuses si recherchées, et pour l'exécution desquelles la ville de Lyon est restée jusqu'à ce jour sans rivale.

Bien différentes des étoffes façonnées dont le résultat du pas est de leur donner plusieurs façons suivant l'intention et les dessins du fabricant et le mélange des diverses couleurs, les étoffes unies sont à pas simple. Leur fabrication exige beaucoup moins de surveillance et de soin. Fabriquées en vue d'une consommation plus générale, elles absorbent une quantité de matière première plus considérable, et emploient par conséquent une plus grande quantité de métiers et de bras. La conséquence à tirer de ces considérations réunies est que la fabrication de ces sortes d'étoffes peut sans inconvénient être transportée hors des murs de Lyon, pourvu cependant que la distance ne soit pas assez éloignée pour rendre matériellement impossible les rapports fréquents qui doivent avoir lieu entre le fabricant et l'ouvrier.

Déjà six à sept mille métiers à la main, employés à la fabrication des étoffes unies, battent autour de Lyon, dans un rayon de 50 kilomètres environ. Citons comme lieux principaux où cette industrie s'est propagée depuis près de vingt années, dans le département du Rhône, Tarare, Beaujeu,

Charlieu et Pont-Charra ; dans le département de l'Ain, Montluel, et enfin dans le département de l'Isère, Saint-Laurent-de-Mûre, Meyzieux, Genas, Saint-Symphorien-d'Ozon, Venissieux, Corba, etc.

Si cette industrie a pu ainsi facilement établir son siége dans des localités pour la plupart si voisines de Crémieu, pourquoi dédaignerait-elle cette dernière ville?... N'est-elle pas placée dans des conditions pour le moins aussi favorables, et l'ouvrier ne doit-il pas y trouver les avantages de bien-être et de bon marché qui lui ont fait abandonner Lyon où le prix du salaire qu'il reçoit chaque jour suffit à grand peine à ses besoins et à ceux de sa famille?... Il en coûte peu pour se loger et encore moins pour vivre dans cette paisible cité, où les objets de première nécessité arrivent en abondance sur le marché.

L'administration municipale de Crémieu est disposée, ainsi que nous l'avons dit, à faire des sacrifices pour y fixer cette branche d'industrie.

Elle abandonnerait gratuitement, pendant un laps de temps déterminé, les bâtiments de son collége, à la condition expresse qu'une certaine quantité de métiers à la main (l'établissement des métiers à la mécanique à Crémieu est physiquement impossible, attendu l'absence de cours d'eau assez abondants pour servir de moteurs,) y seraient établis et y fonctionneraient régulièrement. Ces bâtiments, placés sur un lieu élevé et dans des conditions par conséquent de salubrité désirables, sont vastes, parfaitement éclairés et merveilleusement disposés pour recevoir les appareils nécessaires à la mise en jeu de cette industrie.

Il pourrait arriver cependant qu'un fabricant, nonobstant tous les avantages de disposition et d'aménagement que présente un pareil local, ne voulût pas engager des capitaux dans une semblable entreprise; dans ce cas, la ville (c'est simplement un conseil officieux que nous lui donnons) ne ferait-elle pas sagement peut-être d'ajouter un sacrifice de plus au sacrifice réel qu'elle fait en offrant ainsi l'abandon gratuit pendant un certain nombre d'années des bâtiments de son collége? Les ressources de son budget sont bien minimes sans doute, mais ne pourrait-elle pas diminuer momentanément le chiffre de ses dépenses et au besoin même contracter un léger emprunt pour couvrir les frais d'une prime à offrir aux ouvriers qui voudraient venir établir des métiers dans les constructions de son collége?...

Avec ces conditions remplies, nous croyons pouvoir prédire à Crémieu la réalisation complète de ses espérances et de ses vœux. Les métiers à la main s'y propageront infailliblement et y ramèneront bien vite la vie et le mouvement industriel qui enrichissaient autrefois sa population et animaient son enceinte..

Au nombre des moyens qui, énergiquement adoptés, pourraient encore réaliser un résultat heureux pour la prospérité de Crémieu, indiquons celui qui consisterait, non pas à acclimater, car elle y existe déjà, mais à populariser et à perfectionner la culture du mûrier dans toute l'étendue du territoire du canton dont cette ville est le chef-lieu.

Les propriétaires du sol comprennent si bien aujourd'hui l'importance de cette source de travail et de revenu que la soie fournit, que de tous côtés on fait des essais pour implanter le mûrier dans les contrées qui, jusqu'ici, avaient paru le moins susceptibles de recevoir cette culture. Crémieu se trouve placé dans des conditions de terrain et de température éminemment propres au développement en grand de cette branche d'industrie agricole.

Pourquoi donc cet arbre précieux, qui fait la fortune et le bonheur de tant de contrées, est-il si négligé et surtout si mal cultivé dans le canton de Crémieu?....

Introduite en France, dans le comtat Venaissin,

vers le milieu du XIII⁰ siècle, la culture du mûrier ne commença à se répandre dans le Dauphiné que pendant le XV⁰ siècle, après la conquête de Naples. Mais comme depuis lors cette ancienne province a su heureusement réparer le temps perdu !...

Le canton de Crémieu ne voudra-t-il pas à son tour suivre l'exemple que lui donnent toutes les contrées voisines, et consentira-t-il ainsi à prolonger indéfiniment un état de choses aussi désastreux, alors surtout qu'autour de lui tout le convie au progrès ?....

S'il est vrai de dire que la culture du mûrier soit en général restée stationnaire dans le canton de Crémieu, il est juste de reconnaître cependant que quelques propriétaires ont fait de louables efforts pour la faire entrer dans les voies de l'amélioration. Parmi ces propriétaires, citons notamment M. Vial. La culture du mûrier et l'éducation des vers à soie ont été de sa part l'objet d'études et d'observations pratiques nombreuses. Homme de perfectionnement et de progrès, il a apporté dans l'ameublissement des terres destinées à la culture du mûrier de notables perfectionnements, et introduit, le premier dans la contrée, dans la magnanerie qu'il a créée dans sa propriété de La Tour, les nouveaux procédés de délitement et de ventilation.

Que Crémieu, que tout le canton de ce nom, se livre avec intelligence et ardeur à cette culture et bientôt le pays tout entier recouvrera cette prospérité qu'il semble avoir perdue pour toujours. La ville de Crémieu surtout gagnera à cet état de choses. Son marché, aujourd'hui presque abandonné, verra revenir les vendeurs et les acheteurs d'autrefois. Les cocons récoltés et les soies filées dans le canton trouveront leur écoulement naturel sur ce marché. L'apparition sur cette place de ce produit précieux et si recherché y amènera forcément, avec les producteurs, les marchands de soie et les filateurs qui, sûrs désormais de trouver ainsi dans ce lieu la matière première nécessaire à l'exploitation de leur industrie, y établiront des filatures, et qui sait? peut-être même un jour des fabriques.

Notre tâche est, sinon remplie, car nous n'avons jamais eu cette prétention, du moins achevée. Bien des choses essentielles ont été omises sans doute, bien des détails intéressants nous ont échappé; mais, ainsi que nous l'avons dit au commencement de ce travail, qu'on apprécie l'intention qui l'a inspiré, et qu'on soit indulgent surtout pour les imperfections qui accompagnent toujours une première œuvre.

FIN.

# VILLE DE CRÉMIEU.

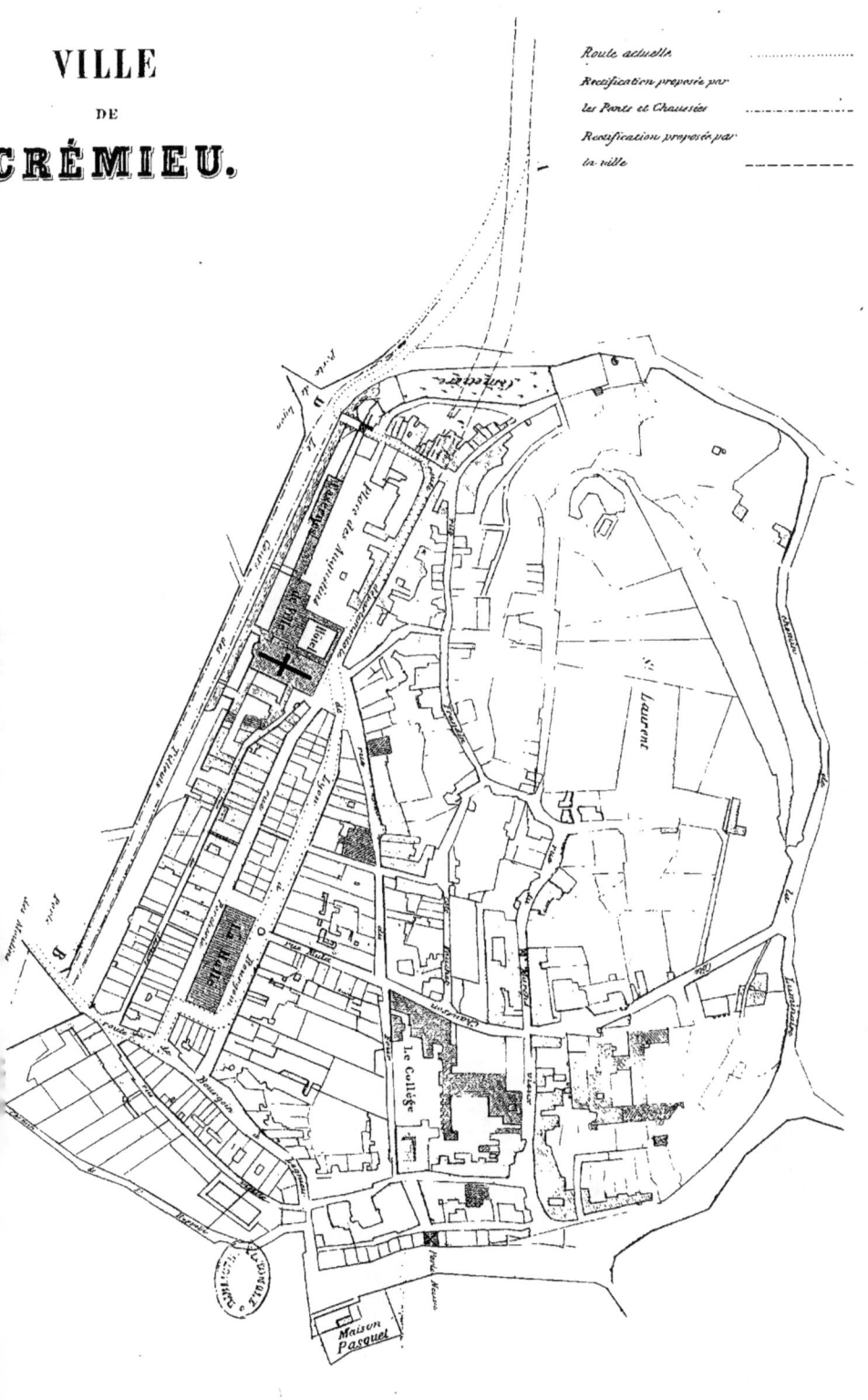

# TABLE DES MATIÈRES.

## TABLE DES MATIÈRES

Dédicace . . . . . . . . . . . . . *pag.* v
Avant-propos. . . . . . . . . . . . . ix

### CRÉMIEU ANCIEN.

Coup-d'œil topographique . . . . . . . . . 3
Crémieu . . . . . . . . . . . . . . 5
Collines St-Laurent et St-Hippolyte . . . . . . 8
Eglise St-Laurent . . . . . . . . . . . 9
— St-Marcel. . . . . . . . . . . *ibid.*
Fortifications de Crémieu. . . . . . . . . 10
Rues de Crémieu. . . . . . . . . . . . 12
Rue de la Loi. . . . . . . . . . . . 13
Rue du Marché-Vieux . . . . . . . . . *ibid*
Maison des Pendus . . . . . . . . . . 14
Souvenirs historiques. . . . . . . . . . 17
Nom primitif de Crémieu. . . . . . . . . 20
Séjour de Louis-le-Débonnaire et de Pepin roi
   d'Aquitaine, à Crémieu, en 835 ou 836. . . *ibid.*

| | |
|---|---:|
| Suzeraineté de l'Eglise primatiale de Lyon sur Crémieu. | 24 |
| Les barons de la Tour-du-Pin. | ibid. |
| Première et seconde race des Dauphins. | 26 |
| Troisième race des Dauphins. | 28 |
| Humbert II, dernier Dauphin. | 29 |
| Atelier monétaire de Crémieu. | ibid. |
| Séjour de Louis XI à Crémieu | 31 |
| Il en avait chassé les juifs. | 34 |
| Il exempte de toutes tailles ceux qui voudraient venir habiter Crémieu | 36 |
| Ponce de Loras | ibid. |
| M. d'Auberjon, marquis de Murinais | ibid. |
| Séjour de Louis XII à Crémieu. | 27 |
| François 1er | 38 |
| Ordonnance de Crémieu | ibid. |
| Charles IX. | ibid. |
| Fermeture de l'atelier monétaire en 1593 | 40 |
| Crémieu pendant les guerres de religion. | ibid. |
| Le baron des Adrets. | 41 |
| Le duc de Lesdiguières. | ibid. |
| Lapoype St-Julien | ibid. |
| Claude Expilly. — M. le premier président Nadaud. | 42 |
| Le cardinal de Richelieu | 44 |
| Gaston d'Orléans frère de Louis XIII | ibid. |
| Le maréchal de Berwick. | 45 |

### CRÉMIEU MODERNE.

| | |
|---|---:|
| Ses monuments, ses établissements publics. | 49 |
| Le château Delphinal | 51 |
| La nouvelle église. — Tristan-Pellerin | 56 |
| Le comte de Lapoype St-Julien | 59 |
| L'église des Augustins. | 60 |

| | |
|---|---|
| Le monastère des Bénédictins . . . . . . . . | 64 |
| Le couvent des Capucins . . . . . . . . . | 67 |
| Le couvent des Augustins . . . . . . . . . | 68 |
| Le couvent de la Visitation . . . . . . . . | 70 |
| Les Ursulines. . . . . . . . . . . . . | 72 |
| Chapelles de St-Antoine, de Notre-Dame-des-Confalons. | 75 |
| Refuge pour les vieillards . . . . . . . . | 77 |
| Testament de Louis de Lapoype St-Julien . . . . | 78 |
| Dotation de Ponce de Loras sur l'hôtel-de-ville de Lyon. . . . . . . . . . . . . . . | 85 |
| Jean-François de Lapoype. . . . . . . . . | 88 |
| Baron Raverat . . . . . . . . . . . . | 108 |
| Benoît Genin. — Jacques Parise. . . . . . . | 115 |
| La maladrerie . . . . . . . . . . . . | 116 |
| La halle . . . . . . . . . . . . . . | 121 |
| L'arbre de Sully. . . . . . . . . . . . | 124 |
| Peste de 1720. . . . . . . . . . . . . | 126 |
| Famine de 1694. . . . . . . . . . . . | 129 |
| L'ancien hôpital de Crémieu . . . . . . . | 131 |
| Le nouvel hôpital. . . . . . . . . . . | 135 |
| M. Victor Pasquet . . . . . . . . . . . | 137 |
| Joseph Alricy . . . . . . . . . . . . | 138 |
| Reverdy . . . . . . . . . . . . . . | 140 |
| Joseph Labonnardière . . . . . . . . . . | 141 |
| M. Jérôme Labonnardière. . . . . . . . . | 143 |
| M. Masclet. . . . . . . . . . . . . | 144 |
| M. l'abbé Barbier.— M. le marquis Octavien de Quinsonas. — MM. Eugène et Victor de Verna. — Les Frères de la Doctrine chrétienne. . . . | 145 |
| M. le comte Emmanuel de Quinsonas . . . . | 150 |
| Causes qui ont déterminé la ruine du commerce et de l'industrie de Crémieu. . . . . . . . . | 155 |

— 228 —

| | |
|---|---|
| Bourgoin. — Grains et farines | 158 |
| Toiles de Crémieu | 160 |
| Toiles de ménage *demi-brin* | 161 |
| Toiles à voiles de *brin* | 163 |
| Toiles d'emballage d'*étoupes* | 165 |
| Ruine de cette industrie. | 166 |
| Fabrication d'étoffes de laine à Crémieu. | 168 |
| Causes de sa ruine. | 171 |
| Moyens à prendre pour rendre à Crémieu tout ou au moins partie de son ancienne prospérité | 177 |
| Foires de Crémieu | 180 |
| Commerce des dindes | 182 |
| Routes qui traversent Crémieu | 185 |
| Rectification de la *percée*. | 190 |
| Projet des ponts-et-chaussées.—Projet de la ville | *ibid.* |
| Projet de chemin de fer | 201 |
| Opinion de M. Louis Bonnardet | 205 |
| Crémieu une des succursales de la fabrique Lyounaise. | 208 |

FIN DE LA TABLE DES MATIÈRES.

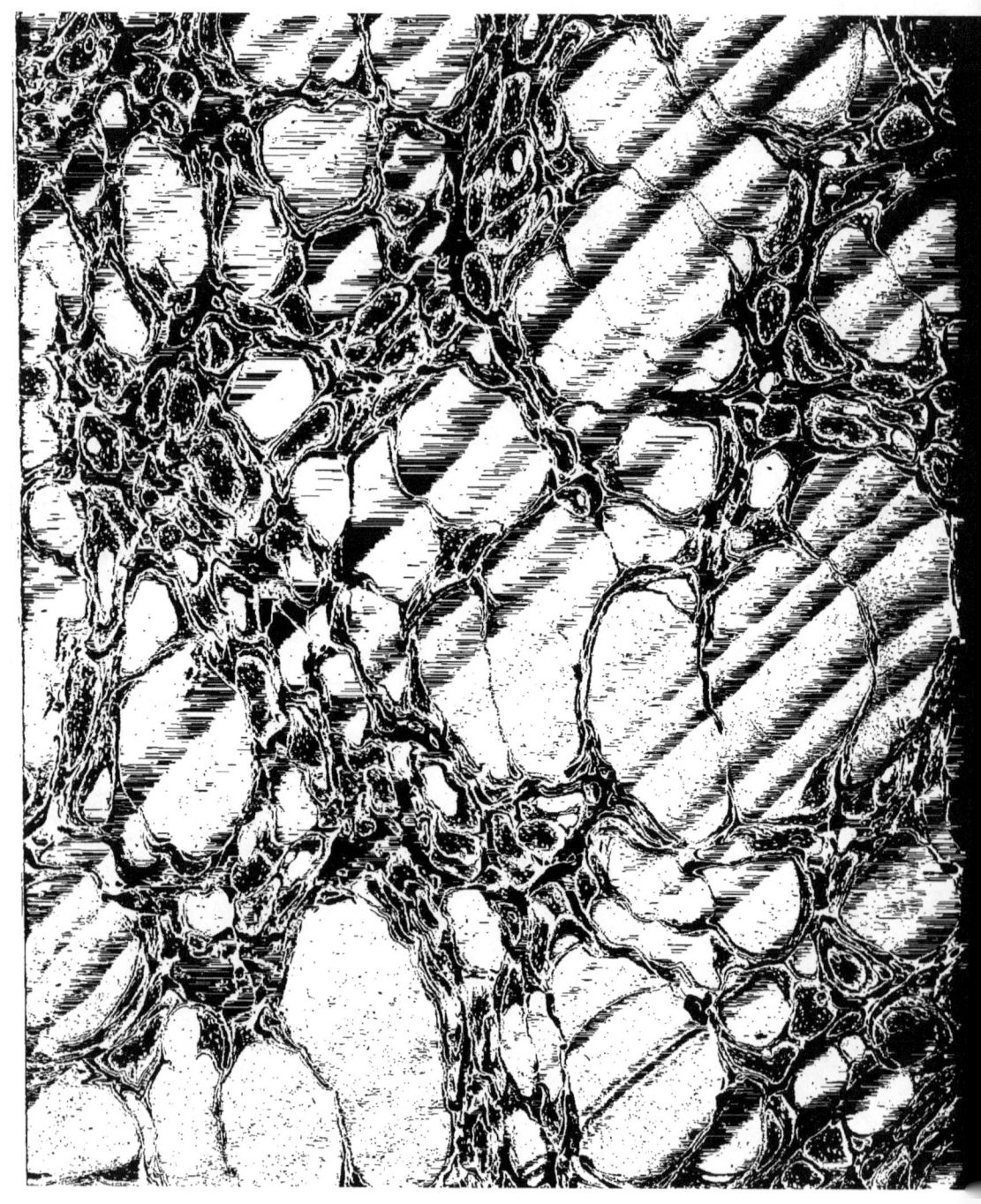

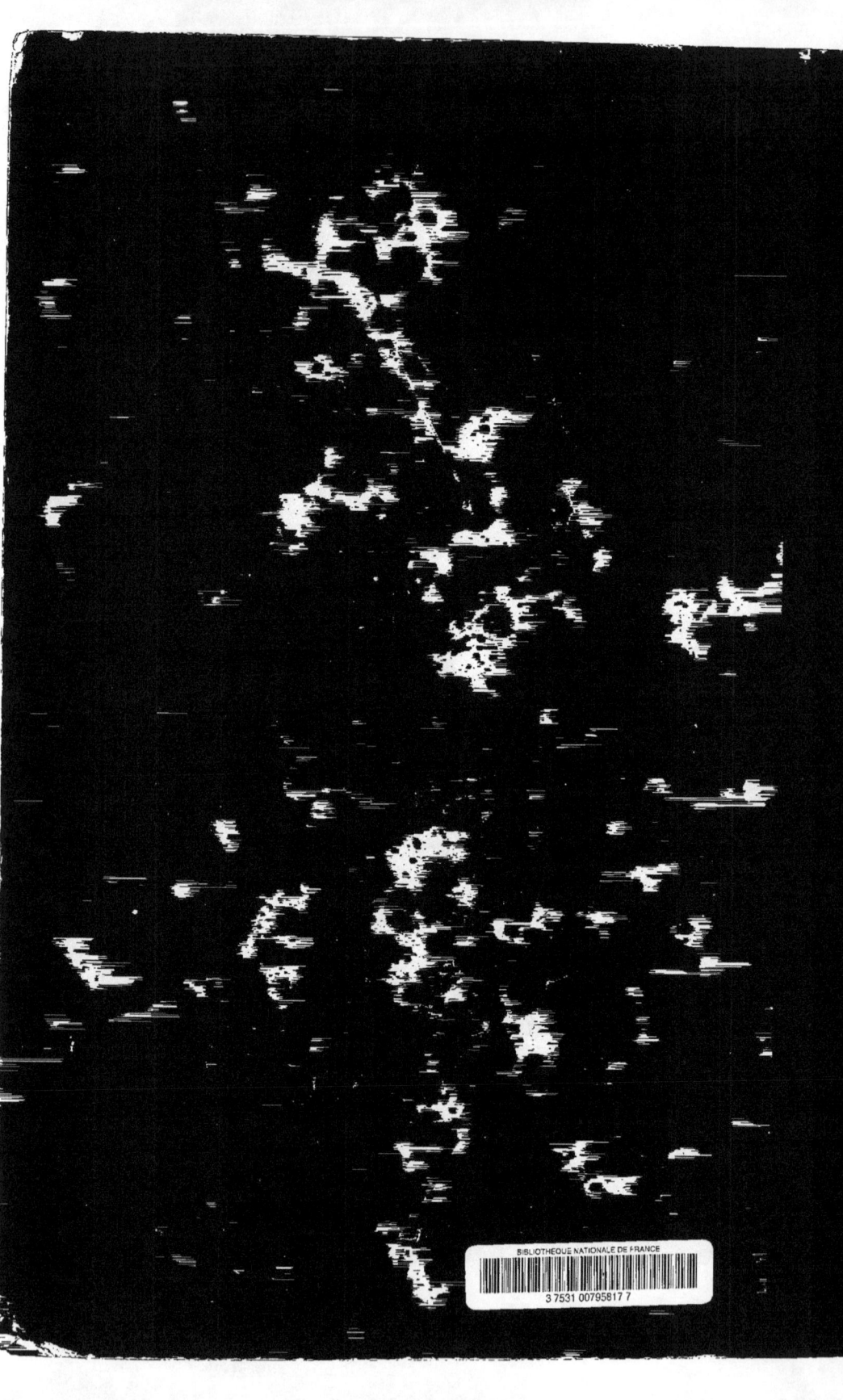

www.ingramcontent.com/pod-product-compliance
Lightning Source LLC
Chambersburg PA
CBHW062232180426
43200CB00035B/1692